DEN VIKTIGA CANDIQUIK KOKBOKEN

Utforska möjligheterna med godisbeläggning med 100 oemotståndliga godsaker

Oliver Eliasson

Copyright Material ©2024

Alla rättigheter förbehållna

Ingen del av denna bok får användas eller överföras i någon form eller på något sätt utan korrekt skriftligt medgivande från utgivaren och upphovsrättsinnehavaren, förutom korta citat som används i en recension. Den här boken bör inte betraktas som en ersättning för medicinsk, juridisk eller annan professionell rådgivning.

INNEHÅLLSFÖRTECKNING

INNEHÅLLSFÖRTECKNING 3
INTRODUKTION 6
BROWNIES OCH BARER 7
   1. CANDIQUIK TURTLE BROWNIES 8
   2. CHOKLAD KOKOS MANDEL GRANOLA BARS 10
   3. CANDIQUIK JORDNÖTSSMÖR OCH GELÉSTÄNGER 12
   4. CANDIQUIK CRANBERRY ORANGE BLISS BARS 15
   5. CANDIQUIK BEET BROWNIES 18
   6. CANDIQUIK COOKIE CUTTER FUDGE 21
   7. CANDIQUIK ROCKY ROAD BARER 23
   8. CANDIQUIK MINT CHOKLAD BROWNIES 25
KAKA OCH MACARONER 27
   9. CANDIQUIK SNOWMEN COOKIES 28
   10. CANDIQUIK COFFEE SHORTBREAD COOKIES 30
   11. CANDIQUIK FOTBOLLSKAKOR 33
   12. CANDIQUIK CHOKLAD CHERRY SHORTBREAD COOKIES 36
   13. CANDIQUIK YARD LINE COOKIES 38
   14. NYÅRSKLOCKAKAKOR 40
   15. KAKAO PEPPARMINT CREME COOKIES 42
   16. CANDIQUIK EARTH DAY LORAX COOKIES 44
   17. ALLA HJÄRTANS ÖVERRASKNINGSKAKOR 47
   18. CANDIQUIK HARVEST CORN COOKIES 49
   19. JORDNÖTSSMÖR HJÄRTA BLOSSOM COOKIES 51
   20. CHOKLADDOPPADE JORDGUBBSKAKOR 53
   21. CANDIQUIK FROG COOKIES 56
   22. CANDIQUIK PIÑA COLADA MACAROONS 58
   23. CANDIQUIK OREO ORNAMENT 60
TYFLAR 62
   24. CANDIQUIK KAHLUA TRYFFEL 63
   25. CANDIQUIK HONUNG TIMJAN TRYFFEL 65
   26. CANDIQUIK BLACK BEAN TRYFFEL 67
   27. CANDIQUIK BOURBON TRYFFEL 69
   28. CHOKLAD BACON TRYFFEL 71
   29. CINCO DE MAYO MEXIKANSKA KRYDDTRYFFEL 74
   30. CANDIQUIK PECAN PIE TRYFFEL 77
   31. JORDNÖTSSMÖR TRYFFEL CHOKLADSKEDAR 80
   32. CHOCOLATE STOUT CAKE TRYFFEL 82
   33. CHAMPAGNEKAKA TRYFFEL 84
TÅKBIT 87
   34. CANDIQUIK ORANGE CREAMSICLE CAKE BITES 88
   35. CANDIQUIK CANNOLI BITES 91

36. CANDIQUIK CHERRY CAKE BOMBS 93
37. MARGARITA TÅRTBOLLAR 96
38. CANDIQUIK EYEBALL CAKE BALLS 99
39. CANDIQUIK PUMPKIN SPICE CAKE BITES 101
40. CANDIQUIK CHOKLAD BANILLA WAFER BITES 104
41. CANDIQUIK VIN- OCH CHOKLADKAKABITAR 106
42. POT O' GOLD RAINBOW CAKE BITES 109
43. CANDIQUIK ACORN CAKE BITES 111
44. CANDIQUIK PUMPKIN CAKE BITES 113
45. HJÄRTKAKABETT 116
46. KIKÄRTSKAKADEGBITAR 118
47. CANDIQUIK SMÄLTANDE SNÖGUBBAR CAKE BALLS 120
48. CANDIQUIK CADBURY ÄGG 122

TÄCKTA FRUKT 125
49. CANDIQUIK VANILJDOPPADE BLÅBÄR 126
50. CANDIQUIK CHOKLAD TÄCKTA JORDGUBBAR 128
51. RÖDA, VITA OCH BLÅA JORDGUBBAR 130
52. TÄCKTA BANANBETT 132
53. CANDIQUIK TÄCKTA ÄPPELSKIVOR 134
54. CINCO DE MAYO JORDGUBBAR 136
55. JORDGUBBSTOMTEHATTAR 138

TÅRTOR, DONUTS OCH PAJER 140
56. CANDIQUIK LEMON BLUEBERRY CHEESECAKE 141
57. CANDIQUIK PUMPKIN CHEESECAKE 144
58. CANDIQUIK SHARK FIN CUPCAKE TOPPERS 146
59. CANDIQUIK CITRON MANDEL DONUTS 149
60. CANDIQUIK GLASSPAJ 152
61. TÅRTA MUNKAR MED CHOKLAD OCH ROSTAD KOKOS 155

POPS 157
62. BANAN CEREAL POPS 158
63. CANDIQUIK TRUFFULA TREE CAKE POPS 160
64. CANDIQUIK TURKIET RICE KRISPIE POPS 162
65. CANDIQUIK S'MORE POPS 165
66. CANDIQUIK GRAPE POPPERS 167
67. CANDIQUIK MAGIC RAINBOW KRISPIE POPS 169
68. CANDIQUIK CHOCOLATE CHIP COOKIE LOLLIPOPS 172
69. CANDIQUIK TURKIET COOKIE POPS 174
70. CANDIQUIK PEPPERMINT COOKIE LOLLIPOPS 176
71. CANDIQUIK MUMMY COOKIE POPS 178
72. HJÄRTA LOLLIPOPS 180
73. STRAWBERRY SHORTCAKE CAKE POPS 182
74. CANDIQUIK KEY LIME CAKE POPS 185

PRETZELS 187

75. CANDIQUIK CACTUS PRETZELS 188
76. CANDIQUIK GHOST PRETZELS 190
77. CANDIQUIK BUTTERFLY PRETZELS 192
78. CANDIQUIK SHAMROCK PRETZELS 194
79. CANDIQUIK NYÅRS PRETZELSTAVAR 196
80. CANDIQUIK BUNNY PRETZELS 198
81. CANDIQUIK CARAMEL PRETZEL BITES 200

SKÄLLER OCH KLUSTER 202

82. CANDIQUIK PEPPERMINT BARK 203
83. CANDIQUIK COWBOY BARK 205
84. MINTKAKABARK 207
85. KANEL TRANBÄRSNÖTTER 209
86. CHOKLAD MANDELBARK 211
87. FRUKT OCH NÖTTER CHOKLAD CLUSTER BARK 213
88. SALTAD KOLA OCH PEKANNÖTSKÖLDPADDOR 215

SNACKMIXAR 217

89. CHURRO CHOW 218
90. CANDIQUIK BUNNY BAIT SNACK MIX 220
91. CANDIQUIK HEART MUNCH SNACK MIX 222
92. CANDIQUIK TRAIL MIX-KLUSTER 224
93. CANDIQUIK ORANGE CREAMSICLE PUPPY CHOW 226
94. CANDIQUIK S'MORES SNACK MIX 228
95. CANDIQUIK WHITE CHOCOLATE PARTY MIX 230

SEMESTER OCH FÄRDIGHETER 232

96. CANDIQUIK HALLOWEEN CUPCAKE TOPPERS 233
97. CANDIQUIK GRADUATION CAPS 235
98. CANDIQUIK PATRIOTIC SPRINKLE CUPS 237
99. PÅSKKOKOSMAKARONBON 239
100. CANDIQUIK CHRISTMAS TREE RICE KRISPIE TREATS 241

SLUTSATS 243

INTRODUKTION

Välkommen till "DEN VIKTIGA CANDIQUIK KOKBOKEN", din guide till att utforska de oändliga möjligheterna med godisbeläggning med 100 oemotståndliga godsaker. Oavsett om du är en erfaren konditor eller nybörjarbagare, är den här kokboken ditt pass till en värld av söta läckerheter och kulinarisk kreativitet. Från klassiska godsaker till innovativa skapelser, CandiQuik öppnar dörren till en värld av läckra möjligheter.

I den här kokboken kommer du att upptäcka en mängd olika recept som visar CandiQuiks mångsidighet och magi. Utvecklade av kulinariska experter, dessa recept är designade för att inspirera och glädja, oavsett om du är sugen på något rikt och överseende eller lätt och uppfriskande. Från dekadenta chokladtryffel till nyckfulla cake pops, det finns en konfekt som passar alla smaker och tillfällen.

Det som skiljer CandiQuik åt är dess användarvänlighet och mångsidighet. Tillverkad av högkvalitativa ingredienser och tillgänglig i en mängd olika smaker, ger CandiQuik den perfekta duken för dina kulinariska skapelser. Oavsett om du doppar, duggar eller formar, smälter CandiQuik smidigt och härdar snabbt, vilket garanterar resultat av professionell kvalitet varje gång. Med CandiQuik har du självförtroendet att släppa loss din inre konditor och förverkliga dina sötaste drömmar.

Genom hela den här kokboken hittar du tydliga och koncisa instruktioner, användbara tips och fantastiska fotografier som guidar dig på ditt konfektyräventyr. Oavsett om du gör godsaker för ett speciellt tillfälle, skänker bort dem till nära och kära eller bara unnar din sötsak, kommer dessa recept säkerligen att imponera. Så, ta ditt förkläde, skärpa din spatel och låt oss dyka in i den läckra världen av CandiQuik-konfektyr.

BROWNIES OCH BARER

1. CandiQuik Turtle Brownies

INGREDIENSER:
- 1 paket CandiQuik chokladöverdrag
- 1 dl hackade pekannötter
- 1 dl kolasås
- 1 låda browniemix (och nödvändiga ingredienser)

INSTRUKTIONER:
a) Förbered browniemixen enligt anvisningarna på förpackningen.
b) Rör ner de hackade pekannötterna i browniesmeten.
c) Häll hälften av browniesmeten i en smord ugnsform.
d) Ringla hälften av kolasåsen över smeten.
e) Lägg den resterande browniesmeten ovanpå, följt av resten av kolasåsen.
f) Grädda enligt brownie mix instruktionerna.
g) När den är gräddad smälter du CandiQuik-chokladöverdraget och breder ut den över de avsvalnade browniesna.
h) Låt chokladen stelna innan du skär den i stänger.

2.Choklad Kokos Mandel Granola Bars

INGREDIENSER:

- 2 dl gammaldags havregryn
- 1 kopp strimlad kokos (sötad eller osötad)
- 1 kopp hackad mandel
- ½ kopp honung eller lönnsirap
- ½ kopp krämigt mandelsmör
- ¼ kopp kokosolja
- 1 tsk vaniljextrakt
- ½ tsk salt
- 1 kopp CandiQuik (godisöverdrag med vaniljsmak)

INSTRUKTIONER:

a) Värm ugnen till 350°F (175°C). Klä en 9x13-tums bakplåt med bakplåtspapper, lämna lite överhäng för enkel borttagning.
b) Kombinera havregryn, riven kokos och hackad mandel i en stor blandningsskål.
c) I en liten kastrull på låg värme, kombinera honung eller lönnsirap, mandelsmör, kokosolja, vaniljextrakt och salt. Rör hela tiden tills blandningen är väl blandad och slät.
d) Häll den blöta blandningen över de torra ingredienserna i mixerskålen. Rör om tills alla torra ingredienser är jämnt belagda.
e) Överför blandningen till den förberedda bakformen och tryck ner den ordentligt för att skapa ett jämnt lager.
f) Grädda i den förvärmda ugnen i 15-20 minuter eller tills kanterna är gyllenbruna.
g) Låt granolastängerna svalna helt i pannan.
h) När den svalnat smälter du CandiQuik enligt anvisningarna på förpackningen.
i) Ringla den smälta CandiQuiken över de avsvalnade granolastängerna.
j) Låt CandiQuik stelna innan du skär stängerna i rutor.
k) Om så önskas, förvara barerna i kylen för en fastare konsistens.
l) Servera och njut av dina Choklad Kokos Mandel Granola Bars!

3.CandiQuik jordnötssmör och geléstänger

INGREDIENSER:
- 1 kopp osaltat smör, mjukat
- 1 kopp strösocker
- 1 kopp farinsocker, packat
- 2 stora ägg
- 1 kopp krämigt jordnötssmör
- 1 tsk vaniljextrakt
- 3 koppar universalmjöl
- 1 tsk bakpulver
- ½ tsk salt
- 1 kopp fruktkonserver eller gelé efter eget val (t.ex. jordgubbar, hallon, vindruvor)
- 1 paket CandiQuik (godisöverdrag med vaniljsmak)

INSTRUKTIONER:

a) Värm ugnen till 350°F (175°C). Smörj en 9x13-tums bakplåt och klä den med bakplåtspapper, lämna ett överhäng för enkel borttagning.
b) I en stor skål, grädda ihop det mjukade smöret, strösockret och farinsockret tills det är ljust och fluffigt.
c) Tillsätt äggen, ett i taget, vispa ordentligt efter varje tillsats.
d) Blanda i jordnötssmör och vaniljextrakt tills det är väl blandat.
e) I en separat skål, vispa ihop mjöl, bakpulver och salt.
f) Tillsätt gradvis de torra ingredienserna till jordnötssmörsblandningen, blanda tills det precis blandas.
g) Tryck ut två tredjedelar av jordnötssmörsdegen i botten av den förberedda bakformen för att bilda ett jämnt lager.
h) Fördela fruktkonserverna eller geléen jämnt över jordnötssmörlagret.
i) Smula den återstående jordnötssmörsdegen över toppen av fruktkonserverna.
j) Grädda i den förvärmda ugnen i 30-35 minuter eller tills kanterna är gyllenbruna.
k) Låt stängerna svalna helt i pannan.
l) När stängerna har svalnat smälter du CandiQuik enligt anvisningarna på förpackningen.
m) Ringla den smälta CandiQuiken över de avsvalnade stängerna.
n) Låt CandiQuik stelna innan du skär stängerna i rutor.
o) Servera och njut av dina läckra jordnötssmör och gelébarer!

4. CandiQuik Cranberry Orange Bliss Bars

INGREDIENSER:
FÖR BARNA:
- 1 kopp osaltat smör, mjukat
- 1 kopp strösocker
- 2 stora ägg
- 1 tsk vaniljextrakt
- 2 koppar universalmjöl
- ½ tsk bakpulver
- ¼ tesked salt
- 1 dl torkade tranbär
- Skal av en apelsin

FÖR TOPPEN:
- 1 paket (16 uns) CandiQuik Candy Coating
- Skal av en apelsin
- Torkade tranbär för garnering (valfritt)

INSTRUKTIONER:
a) Värm ugnen till 350°F (175°C). Smörj en 9x13-tums ugnsform.
b) I en stor skål, grädda ihop det mjuka smöret och sockret tills det är ljust och fluffigt. Tillsätt äggen ett i taget, vispa ordentligt efter varje tillsats. Rör ner vaniljextraktet.
c) I en separat skål, vispa ihop mjöl, bakpulver och salt.
d) Tillsätt gradvis de torra ingredienserna till de våta ingredienserna, blanda tills de precis blandas.
e) Vänd ner de torkade tranbären och apelsinskalet tills det är jämnt fördelat i smeten.
f) Fördela smeten jämnt i den förberedda ugnsformen.
g) Grädda i den förvärmda ugnen i 25-30 minuter eller tills kanterna är gyllenbruna och en tandpetare som sticks in i mitten kommer ut rena.
h) Låt stängerna svalna helt i ugnsformen.
i) När stängerna har svalnat smälter du CandiQuik Candy Coating enligt anvisningarna på förpackningen.
j) Häll den smälta CandiQuik över de kylda stängerna, fördela det jämnt med en spatel.

k) Strö över ytterligare apelsinskal och torkade tranbär på toppen för garnering, om så önskas.
l) Låt CandiQuik-beläggningen stelna helt innan du skär stängerna i rutor.
m) Servera och njut av dina läckra CandiQuik Cranberry Orange Bliss Bars!

5. CandiQuik Beet Brownies

INGREDIENSER:
- 1 kopp kokta och mosade rödbetor (ca 3 medelstora rödbetor)
- ½ kopp osaltat smör, smält
- 1 kopp strösocker
- 2 stora ägg
- 1 tsk vaniljextrakt
- ½ kopp universalmjöl
- ⅓ kopp kakaopulver
- ¼ tesked bakpulver
- ¼ tesked salt
- 1 paket CandiQuik (godisöverdrag med vaniljsmak)

INSTRUKTIONER:
a) Värm ugnen till 350°F (175°C). Smörj och klä en ugnsform med bakplåtspapper.
b) Koka rödbetorna tills de är mjuka. Skala och puré dem i en mixer eller matberedare. Mät upp 1 kopp rödbetspuré.
c) Blanda det smälta smöret och sockret i en stor bunke. Blanda tills det är väl blandat.
d) Tillsätt äggen ett i taget, vispa ordentligt efter varje tillsats. Rör ner vaniljextraktet.
e) I en separat skål, vispa ihop mjöl, kakaopulver, bakpulver och salt.
f) Tillsätt gradvis de torra ingredienserna till de våta ingredienserna, blanda tills de precis blandas.
g) Vänd ner rödbetspurén tills den är jämnt fördelad i browniesmeten.
h) Häll smeten i den förberedda bakformen, fördela den jämnt.
i) Grädda i den förvärmda ugnen i 25-30 minuter eller tills en tandpetare som sticks in i mitten kommer ut med fuktiga smulor (inte blöt smet).
j) Låt browniesna svalna helt i pannan.

FÖR CANDIQUIK-BELÄGGNINGEN:
k) Smält CandiQuik enligt anvisningarna på förpackningen. Vanligtvis innebär detta mikrovågsugn i 30 sekunders intervall tills den är helt smält.
l) När browniesna har svalnat helt skär du dem i rutor.

m) Doppa toppen av varje brownie-ruta i den smälta CandiQuik, säkerställ en jämn beläggning.
n) Lägg de belagda browniesna på en bakplåtspappersklädd plåt för att låta CandiQuik stelna.
o) Låt CandiQuik-beläggningen stelna helt innan servering.

6. CandiQuik Cookie Cutter Fudge

INGREDIENSER:
- 1 paket CandiQuik (godisöverdrag med vaniljsmak)
- 1 burk (14 ounces) sötad kondenserad mjölk
- 2 tsk vaniljextrakt
- Nypa salt
- Diverse kakformar med semestertema
- Valfritt pålägg: Strössel, krossade nötter, färgat socker

INSTRUKTIONER:
a) Klä en fyrkantig eller rektangulär ugnsform med bakplåtspapper, lämna ett överhäng på sidorna för enkel borttagning.
b) Smält CandiQuik på låg värme i en medelstor kastrull, rör hela tiden för att undvika att den bränns.
c) När CandiQuik är helt smält, tillsätt den sötade kondenserade mjölken, vaniljextraktet och en nypa salt. Rör om blandningen tills den är slät och väl kombinerad.
d) Ta kastrullen från värmen och låt blandningen svalna något, men se till att den förblir hällbar.
e) Häll fudgeblandningen i den förberedda ugnsformen och fördela den jämnt.
f) Låt fudgen svalna i några minuter och använd sedan kakformar med jultema för att skära ut festliga former. Tryck ut kakformen i fudgen och lyft ut formerna med en spatel.
g) Om så önskas, lägg till pålägg som strössel, krossade nötter eller färgat socker på fudgeformarna medan de fortfarande är mjuka.
h) Låt fudgen svalna helt och ställ in i kylen ett par timmar.
i) När fudgen är helt stel, använd bakplåtspappersöverhänget för att lyfta ut den ur ugnsformen.
j) Lägg fudgeformerna på ett serveringsfat och njut av din bedårande CandiQuik Cookie Cutter Fudge!

7.CandiQuik Rocky Road Barer

INGREDIENSER:
- 1 paket CandiQuik vaniljbeläggning
- 2 koppar mini marshmallows
- 1 dl hackade nötter (valnötter eller mandel)
- 1 kopp krossade grahams kex
- 1 låda browniemix (och nödvändiga ingredienser enligt förpackningen)

INSTRUKTIONER:
a) Förbered browniemixen enligt anvisningarna på förpackningen.
b) Rör ner minimarshmallows, hackade nötter och krossade grahamsbröd i browniesmeten.
c) Häll smeten i en smord ugnsform.
d) Grädda enligt brownie mix instruktionerna.
e) När den är gräddad smälter du CandiQuik-vaniljbeläggningen och breder ut den över de kylda stängerna.
f) Låt vaniljbeläggningen stelna innan du skär den i stänger.

8. CandiQuik Mint Choklad Brownies

INGREDIENSER:

- 1 paket CandiQuik chokladöverdrag
- 1 tsk pepparmyntsextrakt
- Grön matfärg (valfritt)
- 1 låda browniemix (och nödvändiga ingredienser enligt förpackningen)

INSTRUKTIONER:

a) Förbered browniemixen enligt anvisningarna på förpackningen.
b) Rör i pepparmyntsextraktet och tillsätt grön matfärg om så önskas.
c) Häll smeten i en smord ugnsform.
d) Grädda enligt brownie mix instruktionerna.
e) När den är gräddad smälter du CandiQuik-chokladöverdraget och breder ut den över de avsvalnade browniesna.
f) Låt chokladen stelna innan du skär den i stänger.

KAKA OCH MACARONER

9.CandiQuik Snowmen Cookies

INGREDIENSER:
- Runda sockerkakor
- 1 paket (16 uns) CandiQuik Candy Coating
- Miniatyrchokladchips eller godisögon
- Apelsingodis smälter (eller apelsinglasyr) för morotsnäsorna
- Dekorativ glasyr för halsdukar och knappar

INSTRUKTIONER:
a) Doppa toppen av varje sockerkaka i smält CandiQuik för att skapa en snöig beläggning.
b) Placera två miniatyrchokladchips eller godisögon på den smälta beläggningen för ögon.
c) Använd en liten bit apelsingodis smälta eller glasyr för att skapa en morotsnäsa.
d) Dekorera med glasyr för att göra halsdukar och knappar.
e) Låt överdraget stelna innan servering.

10. CandiQuik Coffee Shortbread Cookies

INGREDIENSER:
FÖR COOKIES:
- 1 kopp osaltat smör, mjukat
- ½ kopp strösocker
- 2 koppar universalmjöl
- 2 matskedar snabbkaffegranulat eller espressopulver
- ¼ tesked salt

FÖR CANDIQUIK COFFEE GLAZE:
- 1 paket CandiQuik (godisöverdrag med vaniljsmak)
- 2 matskedar snabbkaffegranulat eller espressopulver
- 1-2 matskedar varmt vatten
- Valfritt: Finmalet kaffe eller kakaopulver till dekoration

INSTRUKTIONER:
FÖR KAFFE MÅRKAKSKAXEN:
a) Värm ugnen till 350°F (175°C). Klä bakplåtar med bakplåtspapper.
b) I en stor bunke, grädda ihop det mjuknade smöret och strösockret tills det är ljust och fluffigt.
c) Vispa ihop mjöl, snabbkaffegranulat eller espressopulver och salt i en separat skål.
d) Tillsätt gradvis de torra ingredienserna till smör- och sockerblandningen, blanda tills degen går ihop.
e) Rulla degen till en stockform eller platta ut den till en skiva, slå in den i plastfolie och ställ i kylen i minst 30 minuter så att den stelnar.
f) När den har svalnat, skiva degen i rundlar eller skär ut former med hjälp av kakformar.
g) Lägg kakorna på de förberedda bakplåtarna och grädda i 10-12 minuter eller tills kanterna är lätt gyllene.
h) Låt kakorna svalna helt på galler.

FÖR CANDIQUIK COFFEE GLAZE:
i) Smält CandiQuik enligt anvisningarna på förpackningen. Vanligtvis innebär detta mikrovågsugn i 30 sekunders intervall tills den är helt smält.

j) Lös upp snabbkaffegranulatet eller espressopulvret i varmt vatten. Tillsätt denna kaffeblandning till den smälta CandiQuik och rör om tills den är väl blandad.
k) Doppa de kylda kakorna i CandiQuik-kaffeglasyren, låt eventuellt överskott droppa av.
l) Lägg de glaserade kakorna på en plåt med bakplåtspapper.
m) Valfritt: Medan glasyren fortfarande är blöt, strö finmalet kaffe eller kakaopulver ovanpå för dekoration.
n) Låt glasyren stelna helt innan servering eller förvaring.

11. CandiQuik fotbollskakor

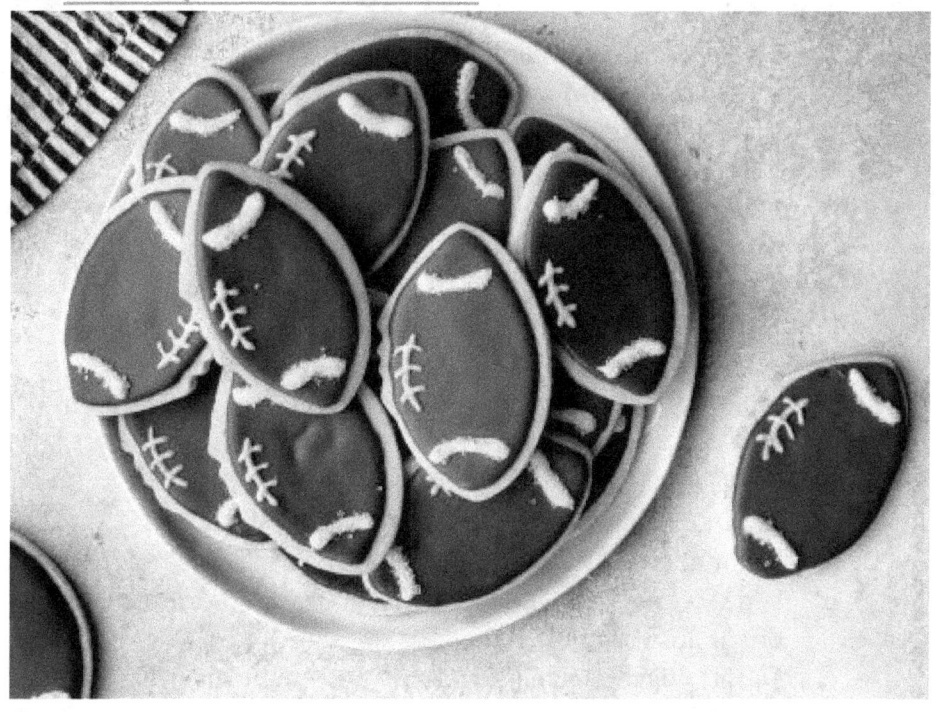

INGREDIENSER:
FÖR COOKIES:
- 2 ½ koppar universalmjöl
- 1 kopp osaltat smör, mjukat
- 1 kopp strösocker
- 1 stort ägg
- 1 tsk vaniljextrakt
- ½ tesked mandelextrakt (valfritt)
- ¼ tesked salt

FÖR CANDIQUIK FOTBOLLSKRYTNING:
- 1 paket CandiQuik (godisöverdrag med vaniljsmak)
- Mörk chokladchips eller chokladglasyr (för fotbollssnören)

INSTRUKTIONER:
FÖR COOKIES:
a) I en medelstor skål, vispa ihop mjöl och salt. Avsätta.
b) I en stor bunke, grädda ihop det mjukade smöret och sockret tills det är ljust och fluffigt.
c) Tillsätt ägget, vaniljextraktet och mandelextraktet (om det används) till smör- och sockerblandningen. Blanda tills det är väl blandat.
d) Tillsätt gradvis de torra ingredienserna till de våta ingredienserna, blanda tills en mjuk deg bildas.
e) Dela degen i två delar, forma vardera till en skiva, slå in den i plastfolie och ställ i kylen i minst 1 timme.
f) Värm ugnen till 350°F (175°C) och klä bakplåtarna med bakplåtspapper.
g) Kavla ut den kylda degen på en mjölad yta till cirka ¼ tum tjocklek.
h) Använd en fotbollsformad kakform för att skära ut fotbollsformer från degen.
i) Lägg de fotbollsformade kakorna på de förberedda bakplåtarna och grädda i 10-12 minuter eller tills kanterna är lätt gyllene.
j) Låt kakorna svalna på plåtarna i några minuter innan du lägger över dem på ett galler för att svalna helt.

FÖR CANDIQUIK FOTBOLLSKRYTNING:

k) Smält CandiQuik enligt anvisningarna på förpackningen. Vanligtvis innebär detta mikrovågsugn i 30 sekunders intervall tills den är helt smält.
l) Doppa varje fotbollsformad kaka i den smälta CandiQuik, vilket säkerställer en jämn beläggning.
m) Lägg de belagda kakorna på en bakplåtspapperklädd plåt.
n) Innan CandiQuik-beläggningen sätts, använd mörka chokladchips eller chokladglasyr för att skapa fotbollssnören på ytan av varje kaka.
o) Låt CandiQuik-beläggningen stelna helt innan servering.

12. CandiQuik Choklad Cherry Shortbread Cookies

INGREDIENSER:
- Sandkakor
- 1 paket (16 uns) CandiQuik Candy Coating
- Torkade körsbär eller körsbärskonserver

INSTRUKTIONER:
a) Smält CandiQuik Candy Coating enligt anvisningarna på förpackningen.
b) Doppa varje mördegskaka i den smälta CandiQuik för att täcka den.
c) Lägg ett torkat körsbär ovanpå eller bred ut en liten mängd körsbärskonserver.
d) Låt beläggningen stelna innan servering.

13. CandiQuik Yard Line Cookies

INGREDIENSER:
FÖR COOKIES:
- Ditt favoritrecept för sockerkakor eller sockerkaksdeg från butik

FÖR CANDIQUIK-DEKORATIONEN:
- 1 paket CandiQuik (godisöverdrag med vaniljsmak)
- Grön matfärg
- Vit glasyr eller vitt godis smälter (för gårdslinjer)

INSTRUKTIONER:
FÖR COOKIES:
a) Värm ugnen enligt ditt recept på sockerkakor eller instruktionerna på den köpta kakdegen.
b) Förbered sockerkaksdegen enligt receptet eller förpackningens instruktioner.
c) Kavla ut kakdegen på en mjölad yta till en tjocklek av cirka ¼ tum.
d) Använd en rund kakform för att skära ut cirklar från degen. Dessa kommer att vara dina "yard line"-kakor.
e) Lägg kakorna på en bakplåtspappersklädd plåt och grädda enligt receptet eller förpackningens instruktioner. Låt kakorna svalna helt.

FÖR CANDIQUIK-DEKORATIONEN:
f) Bryt CandiQuik i bitar och lägg den i en värmesäker skål. Smält CandiQuik enligt anvisningarna på förpackningen. Vanligtvis innebär detta mikrovågsugn i 30 sekunders intervall tills den är helt smält.
g) Tillsätt grön matfärg till den smälta CandiQuik och rör om tills du får en levande grön färg. Detta kommer att vara bakgrunden till "fotbollsplanen".
h) Doppa varje kyld kaka i den gröna CandiQuik, försäkra dig om en jämn beläggning. Lägg de belagda kakorna på en bakplåtspappersklädd plåt.
i) Medan CandiQuik-beläggningen fortfarande är våt, använd vit glasyr eller smält vitt godis för att skapa gårdslinjer på varje kaka. Du kan använda en spritspåse eller en liten zip-top-påse med hörnet avklippt för detta.
j) Låt CandiQuik-beläggningen och glasyren stelna helt innan servering.

14.Nyårsklockakakor

INGREDIENSER:
- CandiQuik (vit chokladöverdrag)
- Choklad smörgås kakor
- Ätbar guld- eller silverspray
- Ätliga klockdekorationer

INSTRUKTIONER:
a) Smält vit choklad CandiQuik enligt anvisningarna på förpackningen.
b) Separera smörgåskakor med choklad och doppa ena sidan i den smälta CandiQuik.
c) Placera ätbara klockdekorationer på den belagda sidan av kakan.
d) Spraya kanterna med ätbar guld- eller silverspray för en festlig touch.
e) Låt CandiQuik stelna innan servering.

15. Kakao Pepparmint Creme Cookies

INGREDIENSER:

- CandiQuik (mörk chokladöverdrag)
- Pepparmyntsextrakt
- Choklad smörgås kakor

INSTRUKTIONER:

a) Smält mörk choklad CandiQuik enligt anvisningarna på förpackningen.
b) Tillsätt några droppar pepparmyntsextrakt till den smälta CandiQuik och rör om väl.
c) Doppa varje smörgåskaka med choklad i CandiQuik med pepparmintsmak och se till att den är helt överdragen.
d) Lägg de belagda kakorna på bakplåtspapper och låt stelna.

16. CandiQuik Earth Day Lorax Cookies

INGREDIENSER:
FÖR COOKIES:
- Ditt favoritrecept för sockerkakor eller sockerkaksdeg från butik

FÖR INREDNING:
- 1 paket CandiQuik (godisöverdrag med vaniljsmak)
- Orange matfärg
- Ätbar svart marker eller svart glasyr
- Ätbar grön markör eller grön glasyr
- Blandade färgade sockerarter eller strössel (valfritt)

INSTRUKTIONER:
FÖR COOKIES:
a) Värm ugnen enligt ditt recept på sockerkakor eller instruktionerna på den köpta kakdegen.
b) Förbered sockerkaksdegen enligt receptet eller förpackningens instruktioner.
c) Kavla ut kakdegen på en mjölad yta till en tjocklek av cirka ¼ tum.
d) Använd en rund kakform för att skära ut cirklar från degen.
e) Lägg kakorna på en bakplåtspappersklädd plåt och grädda enligt receptet eller förpackningens instruktioner. Låt kakorna svalna helt.

FÖR INREDNING:
f) Bryt CandiQuik i bitar och lägg den i en värmesäker skål. Smält CandiQuik enligt anvisningarna på förpackningen. Vanligtvis innebär detta mikrovågsugn i 30 sekunders intervall tills den är helt smält.
g) Tillsätt orange matfärg till den smälta CandiQuik och rör om tills du får en levande orange färg.
h) Doppa varje kyld kaka i den orangefärgade CandiQuik, försäkra dig om en jämn beläggning. Lägg de belagda kakorna på en bakplåtspappersklädd plåt.
i) Låt CandiQuik-beläggningen stelna helt.
j) När beläggningen är satt, använd en ätbar svart markör eller svart glasyr för att rita Loraxens ögon, mustasch och mun på varje kaka.
k) Använd en ätbar grön markör eller grön glasyr för att rita Loraxs signaturtoss av hår ovanpå kakorna.
l) Alternativt kan du lägga till olika färgade sockerarter eller strössel för ytterligare dekoration.
m) Låt eventuella ytterligare dekorationer stelna innan servering.

17. Alla hjärtans överraskningskakor

INGREDIENSER:
- Sockerkaksdeg
- Röd eller rosa matfärg
- Godishjärtan eller andra godisar med valentin-tema

INSTRUKTIONER:
a) Värm ugnen till den temperatur som anges på kakdegsförpackningen.
b) Dela kakdegen på mitten och färga en del med röd eller rosa matfärg.
c) Ta en liten mängd av varje färgad deg och tryck ihop dem runt en godisbit.
d) Rulla degen till en boll och se till att godiset är helt inneslutet.
e) Lägg kakorna på en plåt och grädda enligt anvisningarna på förpackningen.

18. CandiQuik Harvest Corn Cookies

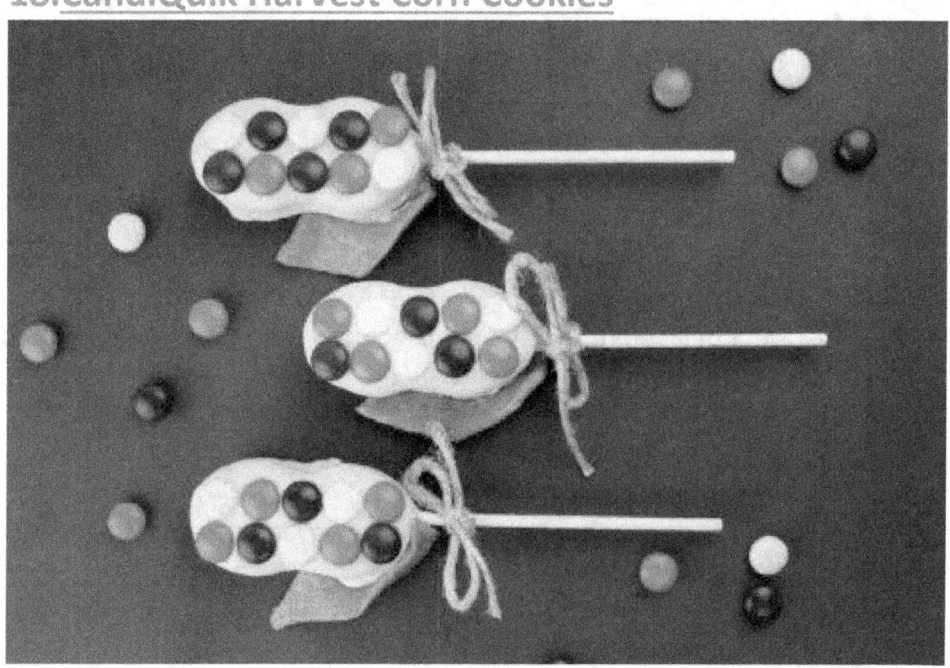

INGREDIENSER:
- Sockerkakor (runda eller ovala)
- 1 paket (16 uns) CandiQuik Candy Coating
- Gul och orange matfärg
- Miniatyrchokladchips

INSTRUKTIONER:
a) Smält CandiQuik Candy Coating enligt anvisningarna på förpackningen.
b) Dela beläggningen i två delar och färga den ena med gul matfärg och den andra med orange.
c) Doppa varje kaka i den gula beläggningen, lämna en liten del odoppad till majsskalet.
d) Låt den gula beläggningen stelna.
e) Doppa den odoppade delen i den orange beläggningen för att skapa majsskalet.
f) Lägg miniatyrchokladchips på den gula delen för majskärnor.
g) Låt överdraget stelna innan servering.

19.Jordnötssmör hjärta Blossom Cookies

INGREDIENSER:

- 1 kopp jordnötssmör
- 1 kopp socker
- 1 ägg
- 1 tsk vaniljextrakt
- Hershey's Kisses choklad, oinpackad

INSTRUKTIONER:

a) Värm ugnen till 350°F (175°C) och klä en plåt med bakplåtspapper.
b) Grädda ihop jordnötssmör, socker, ägg och vaniljextrakt i en skål.
c) Rulla degen till små bollar och lägg dem på plåten.
d) Grädda i 10-12 minuter eller tills kanterna är gyllenbruna.
e) Ta ut ur ugnen och tryck omedelbart en Hershey's Kiss i mitten av varje kaka.
f) Låt kakorna svalna på plåten innan du lägger över dem på ett galler.

20. Chokladdoppade jordgubbskakor

INGREDIENSER:
FÖR COOKIES:
- 1 kopp osaltat smör, mjukat
- 1 kopp strösocker
- 2 stora ägg
- 1 tsk vaniljextrakt
- 3 koppar universalmjöl
- ½ tsk bakpulver
- ¼ tesked salt
- ½ kopp jordgubbssylt eller sylt

FÖR CHOKLADTRÄCKET:
- 1 paket CandiQuik (godisöverdrag med vaniljsmak)
- Färska jordgubbar, tvättade och torkade

INSTRUKTIONER:
FÖR COOKIES:
a) Värm ugnen till 350°F (175°C). Klä plåtar med bakplåtspapper.
b) I en stor skål, grädda ihop det mjuka smöret och sockret tills det är ljust och fluffigt.
c) Tillsätt äggen ett i taget, vispa ordentligt efter varje tillsats. Rör ner vaniljextraktet.
d) I en separat skål, vispa ihop mjöl, bakpulver och salt.
e) Tillsätt gradvis de torra ingredienserna till de våta ingredienserna, blanda tills de precis blandas.
f) Släpp rundade matskedar kakdeg på de förberedda bakplåtarna, lämna lite utrymme mellan varje.
g) Använd tummen eller baksidan av en liten sked för att göra en fördjupning i mitten av varje kaka.
h) Fyll varje fördjupning med en liten mängd jordgubbssylt eller sylt.
i) Grädda i den förvärmda ugnen i 10-12 minuter eller tills kanterna på kakorna är lätt gyllene.
j) Låt kakorna svalna på plåtarna i några minuter innan du lägger över dem på ett galler för att svalna helt.

FÖR CHOKLADTRÄCKET:

k) Smält CandiQuik enligt anvisningarna på förpackningen. Vanligtvis innebär detta mikrovågsugn i 30 sekunders intervall tills den är helt smält.
l) Doppa toppen av varje kyld jordgubbsfylld kaka i den smälta CandiQuik, täck över jordgubbssylten.
m) Lägg de doppade kakorna på en bakplåtspappersklädd plåt så att chokladen stelnar.
n) Ringla om så önskas extra smält CandiQuik över de doppade kakorna för en dekorativ touch.
o) Låt chokladöverdraget stelna helt innan servering.
p) Garnera varje chokladdoppad jordgubbskaka med en färsk jordgubbe på toppen för extra känsla.

21. CandiQuik Frog Cookies

INGREDIENSER:
- Vanilj wafer cookies
- Grönt godis smälter eller grönfärgad vit choklad
- Vitt godis smälter eller vitfärgad vit choklad
- Godisögon
- Röda godisar (för munnen)
- Valfritt: Ytterligare godisdekorationer för utsmyckningar
- Bakplåtspapper

INSTRUKTIONER:
a) Klä en plåt eller plåt med bakplåtspapper.
b) Bryt den gröna godissmältan och den vita godissmältan i separata skålar. Smält varje färg enligt anvisningarna på förpackningen. Vanligtvis innebär detta mikrovågsugn dem i 30-sekundersintervaller tills de är helt smälta.
c) Doppa varje vaniljrånkaka i de smälta gröna godissmältorna och se till att den är helt täckt. Använd en gaffel eller doppningsverktyg för att hjälpa till med beläggningen.
d) Låt eventuellt överskott av grönt godis droppa av och lägg sedan de belagda kakorna på bakplåtspappret.
e) Medan den gröna godisbeläggningen fortfarande är våt, fäst godisögon på toppen av varje belagd kaka. Du kan också använda en liten mängd smält grönt godisbeläggning som "lim" för ögonen.
f) Placera ett rött godis under ögonen för att skapa grodans mun.
g) Använd en tandpetare eller ett litet redskap för att ringla smält vit godisbeläggning över den gröna beläggningen för att skapa groddiga mönster eller markeringar.
h) Valfritt: Dekorera grodorna med extra godisdekorationer för utsmyckningar, som färgglada strössel eller små godisar.
i) Låt godisbeläggningen stelna helt.
j) När de har ställts in är dina Frog Cookies redo att avnjutas!

22. CandiQuik Piña Colada Macaroons

INGREDIENSER:
FÖR MACARONES:
- 3 koppar riven kokos (sötad)
- ½ kopp CandiQuik (godisöverdrag med vaniljsmak), smält
- ⅓ kopp sötad kondenserad mjölk
- ¼ kopp ananasjuice
- 1 tsk vaniljextrakt
- ½ kopp finhackad ananas (konserverad eller färsk)
- Nypa salt

FÖR CANDIQUIK-BELÄGGNINGEN:
- 1 paket CandiQuik (godisöverdrag med vaniljsmak)
- 1 msk kokosolja

INSTRUKTIONER:
FÖR MACARONES:
a) Värm ugnen till 325°F (163°C). Klä en plåt med bakplåtspapper.
b) I en stor skål, kombinera strimlad kokos, smält CandiQuik, sötad kondenserad mjölk, ananasjuice, vaniljextrakt, finhackad ananas och en nypa salt. Blanda tills det är väl blandat.
c) Använd en kakskopa eller dina händer, forma små högar av blandningen och lägg dem på den förberedda bakplåten.
d) Grädda i den förvärmda ugnen i 15-18 minuter eller tills kanterna på makronerna är gyllenbruna.
e) Låt makronerna svalna helt på plåten.

FÖR CANDIQUIK-BELÄGGNINGEN:
f) Smält CandiQuik enligt anvisningarna på förpackningen. Vanligtvis innebär detta mikrovågsugn i 30 sekunders intervall tills den är helt smält.
g) Rör ner kokosoljan tills den är väl blandad.

HOPSÄTTNING:
h) Doppa botten av varje kyld makron i CandiQuik-beläggningen, låt överskottet droppa av.
i) Lägg de belagda makronerna på en bakplåtspapperklädd plåt.
j) Du kan eventuellt ringla ytterligare CandiQuik-beläggning över toppen av varje makron för dekoration.
k) Låt CandiQuik-beläggningen stelna helt innan servering.

23. CandiQuik Oreo Ornament

INGREDIENSER:

- Oreos (vanliga eller dubbelfyllda)
- 1 paket CandiQuik (godisöverdrag med vaniljsmak)
- Diverse färgad glasyr eller godis smälter för dekoration
- Diverse strössel eller ätbara dekorationer
- Band eller snöre (för upphängning)

INSTRUKTIONER:

a) Klä en plåt med bakplåtspapper.
b) Separera Oreo-kakorna, håll sidan med gräddfyllningen intakt.
c) Bryt CandiQuik i bitar och lägg den i en värmesäker skål. Smält CandiQuik enligt anvisningarna på förpackningen. Vanligtvis innebär detta mikrovågsugn i 30 sekunders intervall tills den är helt smält.
d) Använd en gaffel eller tandpetare, doppa varje Oreo-kaka i den smälta CandiQuik, vilket säkerställer en jämn beläggning. Låt eventuell överflödig beläggning droppa av.
e) Lägg de belagda Oreos på den bakplåtspapperskläd da plåten.
f) Medan CandiQuik-beläggningen fortfarande är våt, använd färgad glasyr eller godismelt för att skapa festliga mönster på varje Oreo, som virvlar, ränder eller semestermönster.
g) Strö blandade färgade strössel eller ätbara dekorationer på den våta CandiQuik-beläggningen för extra festlig stil.
h) Låt CandiQuik-beläggningen och dekorationerna stelna delvis, men inte helt fasta.
i) Använd en tandpetare eller spett för att skapa ett litet hål nära toppen av varje belagd Oreo för att föra in bandet eller snöret.
j) Låt CandiQuik-beläggningen härda helt och stelna.
k) När Oreo-ornamenten är helt fixerade, trä ett band eller snöre genom hålet, knyt en knut och skapa en ögla för upphängning.
l) Häng Oreo-prydnaderna på ett träd eller arrangera dem i en dekorativ skål för en festlig visning.

TYFLAR

24. CandiQuik Kahlua tryffel

INGREDIENSER:
- 1 paket (16 uns) CandiQuik Candy Coating
- ¼ kopp tung grädde
- 2 msk osaltat smör
- 3 matskedar Kahlua likör
- Kakaopulver eller strösocker för överdragning

INSTRUKTIONER:

a) I en medelstor kastrull smälter du CandiQuik Candy Coating på låg värme under konstant omrörning.
b) När det smält, tillsätt den tjocka grädden och det osaltade smöret i kastrullen. Fortsätt att röra tills blandningen är slät och väl kombinerad.
c) Ta kastrullen från värmen och rör ner Kahlua-likören tills den är helt införlivad.
d) Låt blandningen svalna till rumstemperatur. När svalnat, täck kastrullen och ställ i kylen i minst 2 timmar eller tills blandningen är fast.
e) När blandningen är fast, använd en sked eller en liten skopa för att portionera ut tryffelstora portioner. Rulla varje portion till en boll och lägg dem på en bakplåtspappersklädd plåt.
f) Om så önskas, rulla tryffeln i kakaopulver eller strösocker för att täcka dem.
g) Kyl tryffeln i ytterligare 30 minuter för att stelna.
h) Servera och njut av dina läckra CandiQuik Kahlua tryffel!

25. CandiQuik honung timjan tryffel

INGREDIENSER:
FÖR TRYFFELNA:
- 1 paket CandiQuik (godisöverdrag med vaniljsmak)
- ½ kopp tung grädde
- 2 matskedar honung
- 1 msk färska timjanblad, finhackade
- Skal av 1 citron

FÖR BELÄGGNING:
- ½ kopp finhackade pistagenötter eller mandel (för överdrag)
- Ytterligare färska timjanblad till garnering

INSTRUKTIONER:
a) Värm den tunga grädden på medelvärme i en liten kastrull tills den precis börjar sjuda. Avlägsna från värme.
b) Bryt CandiQuik i bitar och lägg den i en värmesäker skål. Häll den varma grädden över CandiQuik och låt den sitta i en minut för att mjukna.
c) Rör om blandningen tills CandiQuik är helt smält och slät.
d) Tillsätt honung, finhackade timjanblad och citronskal till den smälta CandiQuik-blandningen. Rör om väl för att kombinera.
e) Låt blandningen svalna till rumstemperatur och kyl den sedan i minst 2 timmar eller tills den blir tillräckligt fast för att hantera.
f) I en grund skål, lägg de finhackade pistagenötterna eller mandlarna för överdrag.
g) När tryffelblandningen har svalnat, använd en sked eller en melonballer för att ösa ur små portioner och rulla dem till bollar.
h) Rulla varje tryffel i de hackade pistagenötterna eller mandlarna, för att säkerställa en jämn beläggning.
i) Lägg de belagda tryfflarna på en bakplåtspappersklädd plåt.
j) Garnera varje tryffel med ett litet timjanblad för dekoration.
k) Ställ tryffeln i kylen i cirka 30 minuter för att stelna.
l) Servera och njut av dessa honungstymjantryffel som en härlig upplevelse med en unik kombination av smaker!

26. CandiQuik Black Bean Tryffel

INGREDIENSER:

- 1 burk (15 uns) svarta bönor, avrunna och sköljda
- ½ kopp kakaopulver
- ¼ kopp honung eller lönnsirap
- 1 tsk vaniljextrakt
- Nypa salt
- 1 paket (16 uns) CandiQuik Candy Coating

INSTRUKTIONER:

a) I en matberedare, blanda svarta bönor, kakaopulver, honung eller lönnsirap, vaniljextrakt och salt tills en slät blandning bildas.
b) Forma blandningen till tryffelstora bollar och lägg dem på en bakplåtspappersklädd plåt.
c) Smält CandiQuik Candy Coating enligt anvisningarna på förpackningen.
d) Doppa varje tryffel i den smälta CandiQuik för att täcka den.
e) Låt beläggningen stelna innan servering.

27.CandiQuik Bourbon tryffel

INGREDIENSER:
- 1 paket (16 uns) CandiQuik Candy Coating
- ¼ kopp tung grädde
- 2 msk osaltat smör
- 3 matskedar bourbon
- Kakaopulver, strösocker eller hackade nötter för beläggning

INSTRUKTIONER:

a) I en medelstor kastrull smälter du CandiQuik Candy Coating på låg värme under konstant omrörning.

b) När det smält, tillsätt den tjocka grädden och det osaltade smöret i kastrullen. Fortsätt att röra tills blandningen är slät och väl kombinerad.

c) Ta kastrullen från värmen och rör ner bourbonen tills den är helt införlivad.

d) Låt blandningen svalna till rumstemperatur. När svalnat, täck kastrullen och ställ i kylen i minst 2 timmar eller tills blandningen är fast.

e) När blandningen är fast, använd en sked eller en liten skopa för att portionera ut tryffelstora portioner. Rulla varje portion till en boll.

f) Rulla tryffeln i kakaopulver, strösocker eller hackade nötter för att täcka dem.

g) Lägg de belagda trypflarna på en bakplåtspappersklädd plåt.

h) Kyl tryffeln i ytterligare 30 minuter för att stelna.

i) Servera och njut av dina läckra CandiQuik Bourbon Tryffel!

28. Choklad Bacon Tryffel

INGREDIENSER:
FÖR TRYFFLAR:
- 1 kopp kokt och smulat bacon
- 1 ½ koppar CandiQuik (godisöverdrag med vaniljsmak)
- ½ kopp tung grädde
- ¼ kopp osaltat smör
- 1 tsk vaniljextrakt
- Nypa salt

FÖR BELÄGGNING:
- 1 dl mörk choklad, smält
- Smulat bacon till topping

INSTRUKTIONER:
FÖR TRYFFLAR:
a) Värm den tunga grädden på medelvärme i en liten kastrull tills den precis börjar sjuda. Avlägsna från värme.
b) I en värmesäker skål, kombinera CandiQuik, smulad bacon och salt.
c) Häll den varma grädden över CandiQuik och baconblandningen. Låt det sitta i en minut för att mjuka upp godisbeläggningen.
d) Rör om blandningen tills CandiQuik är helt smält och slät.
e) Tillsätt det osaltade smöret och vaniljextraktet till CandiQuik-blandningen. Rör om tills smöret smält och blandningen är väl kombinerad.
f) Kyl tryffelblandningen i minst 2 timmar eller tills den blir tillräckligt fast för att hantera.

FÖR MONTERING:
g) När tryffelblandningen är kyld, använd en sked eller en melonballer för att ösa ur små portioner och rulla dem till bollar.
h) Lägg tryffelbollarna på en bakplåtspappersklädd plåt och ställ tillbaka dem i kylen medan du förbereder beläggningen.

FÖR BELÄGGNING:
i) Smält den mörka chokladen enligt anvisningarna på förpackningen. Vanligtvis innebär detta mikrovågsugn i 30 sekunders intervall tills den är helt smält.

j) Doppa varje tryffel i den smälta mörka chokladen, för att säkerställa en jämn beläggning.
k) Lägg tillbaka de belagda tryfflarna på den bakplåtspappersklädda plåten.
l) Innan den mörka chokladen stelnar, strö smulad bacon ovanpå varje tryffel för extra smak och dekoration.
m) Låt beläggningen stelna helt innan servering.

29.Cinco de Mayo mexikanska kryddtryffel

INGREDIENSER:
FÖR TRYFFELNA:
- 1 paket CandiQuik (godisöverdrag med vaniljsmak)
- ½ kopp tung grädde
- 1 tsk mald kanel
- ½ tesked mald muskotnöt
- ¼ tsk malen cayennepeppar (justera efter smak för kryddighet)
- ¼ tesked mald kryddnejlika
- ¼ tesked mald kryddpeppar
- Skal av 1 apelsin

FÖR BELÄGGNING:
- ½ kopp kakaopulver
- ¼ kopp strösocker
- 1 tsk mald kanel (för att pudra)

INSTRUKTIONER:

a) Värm den tunga grädden på medelvärme i en liten kastrull tills den precis börjar sjuda. Avlägsna från värme.
b) Bryt CandiQuik i bitar och lägg den i en värmesäker skål. Häll den varma grädden över CandiQuik och låt den sitta i en minut för att mjukna.
c) Rör om blandningen tills CandiQuik är helt smält och slät.
d) Tillsätt mald kanel, muskotnöt, cayennepeppar, kryddnejlika, kryddpeppar och apelsinskal till den smälta CandiQuik-blandningen. Rör om väl för att kombinera.
e) Låt blandningen svalna till rumstemperatur och kyl den sedan i minst 2 timmar eller tills den blir tillräckligt fast för att hantera.
f) I en grund skål, kombinera kakaopulver och strösocker. Avsätta.
g) När tryffelblandningen har svalnat, använd en sked eller en melonballer för att ösa ur små portioner och rulla dem till bollar.
h) Rulla varje tryffel i kakaopulver- och strösockerblandningen, se till att den blir jämn.
i) Lägg de belagda tryfflarna på en bakplåtspapperskädd plåt.
j) Pudra tryffeln med lite mald kanel för ett extra lager av smak.
k) Ställ tryffeln i kylen i cirka 30 minuter för att stelna.
l) Servera och njut av dessa mexikanska kryddtryffel som en förtjusande behandling för Cinco de Mayo eller något speciellt tillfälle!

30.CandiQuik Pecan Pie Tryffel

INGREDIENSER:
FÖR TRYFFELNA:
- 1 dl pekannötter, fint hackade
- 1 kopp graham cracker smulor
- ½ kopp lätt majssirap
- ¼ kopp osaltat smör, smält
- ¼ kopp farinsocker
- 1 tsk vaniljextrakt
- Nypa salt

FÖR BELÄGGNING:
- 1 paket CandiQuik (godisöverdrag med vaniljsmak)

FÖR GARNERING (VALFRI):
- Hela pekannötter till dekoration
- Ytterligare graham cracker smulor

INSTRUKTIONER:
FÖR TRYFFELNA:
a) I en stor mixerskål, kombinera de finhackade pekannötterna, grahamssmulorna, lätt majssirap, smält smör, farinsocker, vaniljextrakt och en nypa salt. Blanda tills det är väl blandat.
b) Ställ blandningen i kylen i cirka 30 minuter för att stelna.
c) När blandningen är fast, använd händerna för att rulla små portioner till tryffelstora bollar och lägg dem på en bakplåtspappersklädd plåt.

FÖR BELÄGGNING:
d) Smält CandiQuik enligt anvisningarna på förpackningen. Vanligtvis innebär detta mikrovågsugn i 30 sekunders intervall tills den är helt smält.
e) Använd en gaffel eller tandpetare, doppa varje pekannötspajtryffel i den smälta CandiQuik, vilket säkerställer en jämn beläggning.
f) Lägg tillbaka de belagda tryfflarna på den bakplåtspappersklädda plåten.

FÖR GARNERING (VALFRI):
g) Medan CandiQuik-beläggningen fortfarande är våt, placera en hel pekannöt ovanpå varje tryffel för dekoration.
h) Strö ytterligare grahamssmulor över toppen av varje tryffel för extra smak och konsistens.
i) Låt CandiQuik-beläggningen stelna helt innan servering.

31.Jordnötssmör Tryffel Chokladskedar

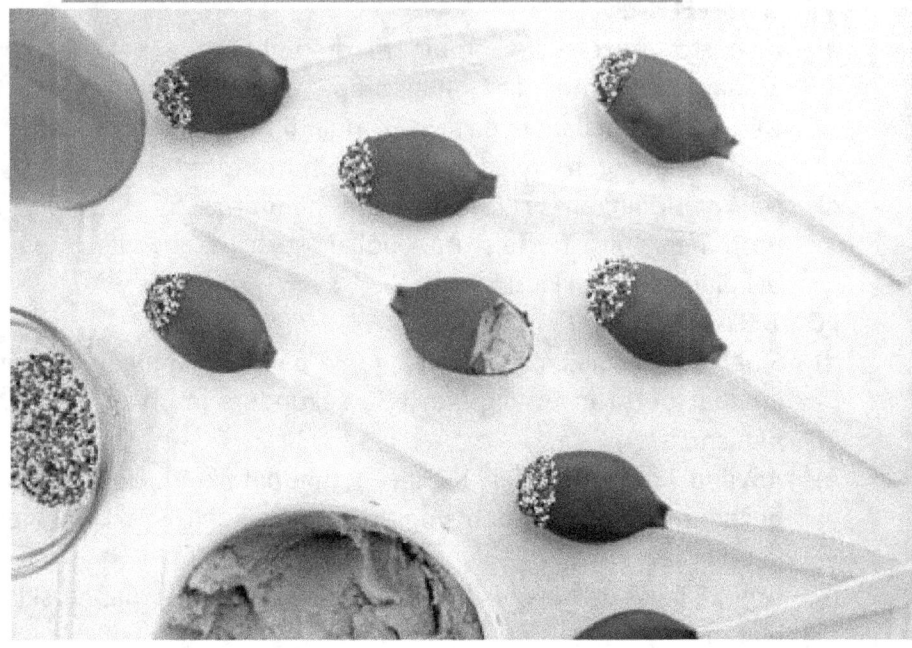

INGREDIENSER:
- 1 kopp krämigt jordnötssmör
- ½ kopp strösocker
- ¼ kopp osaltat smör, mjukat
- 1 tsk vaniljextrakt
- Nypa salt
- 1 paket CandiQuik (godisöverdrag med vaniljsmak)
- Choklad- eller godisformar
- Träskedar eller plastskedar för doppning

INSTRUKTIONER:
a) I en skål, kombinera krämigt jordnötssmör, strösocker, mjukt smör, vaniljextrakt och en nypa salt. Blanda tills det är väl blandat.
b) Rulla jordnötssmörblandningen till små tryffelstora bollar och lägg dem på en bakplåtspappersklädd plåt. Ställ brickan i kylen i cirka 30 minuter för att stelna tryffeln.
c) Bryt CandiQuik i bitar och lägg den i en värmesäker skål. Smält CandiQuik enligt anvisningarna på förpackningen. Vanligtvis innebär detta mikrovågsugn i 30 sekunders intervall tills den är helt smält.
d) Förbered dina choklad- eller godisformar. Om du använder trä- eller plastskedar, doppa skedhuvudena i den smälta CandiQuik för att skapa en chokladbas.
e) Lägg en jordnötssmörtryffel ovanpå varje chokladdragerad sked eller i varje form.
f) Häll mer smält CandiQuik över jordnötssmörtryfflarna så att de täcker dem helt.
g) Låt CandiQuik-beläggningen stelna delvis, men inte helt fast.
h) Valfritt: Om så önskas kan du ringla ytterligare smält CandiQuik över toppen för dekoration.
i) Låt chokladöverdraget stelna helt och stelna.
j) När de har satts är dina jordnötssmörtryffelchokladskedar redo att avnjutas!

32. Chocolate Stout Cake Tryffel

INGREDIENSER:
KAKA:
- 1 ask mörk choklad kakmix (+ ingredienser till tårtmix)
- 1¼ koppar Guinness Extra Stout Beer

GLASYR:
- 8 matskedar (1 pinne) smör
- 3-4 koppar strösocker, siktat
- 3 matskedar stoutöl (t.ex. Guinness)
- ½ tesked vaniljextrakt
- Nypa salt

BELÄGGNING:
- 2 paket Choklad CandiQuik Coating

INSTRUKTIONER:
a) Förbered kakan enligt anvisningarna på kartongen (ersätt vatten med en lika stor mängd, 1-¼ koppar, porter- eller stoutöl).
b) Smula ner den avsvalnade kakan i en stor skål.
c) Förbered frosting: blanda mjukt smör tills det är fluffigt. Tillsätt långsamt strösocker, stout, vanilj och salt; vispa på medelhögt i 3 minuter eller tills det är ljust och fluffigt.
d) Tillsätt ½ kopp glasyr till den smulade kakan och blanda noggrant.
e) Rulla blandningen till 1" bollar och ställ i kylen i cirka 1 timme.
f) Smält choklad CandiQuik i Smält och gör mikrovågsugn enligt anvisningarna på förpackningen. Doppa kakbollarna i chokladöverdrag och lägg på vaxpapper för att stelna.

33. Champagnekaka tryffel

INGREDIENSER:
FÖR TÅRTRYFFLEN:
- 1 ask kakmix med champagnesmak (plus ingredienser som anges på kartongen, t.ex. ägg, olja, vatten)
- 1 dl champagne eller mousserande vin
- ½ dl smörkrämfrosting (köpt i butik eller hemgjord)
- 1 paket CandiQuik (godisöverdrag med vaniljsmak)
- Ätbart guld- eller silverdamm för dekoration (valfritt)

FÖR CAKE POPS (VALFRI):
- Lollipop pinnar
- Ytterligare CandiQuik för beläggning
- Ätbart guld- eller silverdamm för dekoration (valfritt)

INSTRUKTIONER:
FÖR TÅRTRYFFLEN:
a) Värm ugnen enligt instruktionerna för kakmixen. Smörj och mjöla en kakform.
b) Förbered kakmixen med champagnesmak enligt anvisningarna på förpackningen och ersätt vattnet med champagne.
c) Grädda kakan enligt anvisningarna och låt den svalna helt.
d) När kakan har svalnat, smula den till fina smulor i en stor mixerskål.
e) Tillsätt smörkrämen till kaksmulorna och blanda tills det är väl blandat. Blandningen ska ha en degliknande konsistens.
f) Forma blandningen till små tryffelstora bollar och lägg dem på en bakplåtspapperklädd plåt.
g) Smält CandiQuik enligt anvisningarna på förpackningen. Vanligtvis innebär detta mikrovågsugn i 30 sekunders intervall tills den är helt smält.
h) Doppa varje tårtryffel i den smälta CandiQuik, försäkra dig om en jämn beläggning.
i) Lägg tillbaka de belagda trygglarna på den bakplåtspapperklädda plåten.
j) Om så önskas, strö ätbart guld- eller silverdamm ovanpå tryffeln för en dekorativ touch.
k) Låt CandiQuik-beläggningen stelna helt innan servering.

FÖR CAKE POPS (VALFRI):

l) Följ stegen ovan för att förbereda tårtryffelblandningen och forma dem till bollar.
m) Istället för att lägga tryffeln på en bricka, sätt in klubbor i varje kakboll för att skapa cake pops.
n) Smält ytterligare CandiQuik för att täcka cake pops.
o) Doppa varje cake pop i den smälta CandiQuik, säkerställ en jämn beläggning.
p) Låt eventuell överflödig beläggning droppa av innan du lägger cake pops på en bakplåtspappersklädd plåt.
q) Valfritt: strö ätbart guld- eller silverdamm ovanpå cake pops för dekoration.
r) Låt CandiQuik-beläggningen stelna helt innan servering.

TÅKBIT

34. CandiQuik Orange Creamsicle Cake Bites

INGREDIENSER:
- 1 låda vaniljkakemix (plus nödvändiga ingredienser som ägg, olja, vatten)
- 1 kopp apelsinjuice
- Skal av en apelsin
- 1 tsk vaniljextrakt
- ½ kopp osaltat smör, smält
- 2 koppar CandiQuik-beläggning (orange eller vit)
- Orange matfärg (valfritt)
- Strössel för dekoration (valfritt)

INSTRUKTIONER:

a) Värm ugnen enligt instruktionerna för kakmixen.
b) Förbered vaniljkakeblandningen i en stor blandningsskål enligt instruktionerna på lådan.
c) Tillsätt apelsinjuice, apelsinskal, vaniljextrakt och smält smör till kaksmeten. Blanda tills det är väl blandat.
d) Häll smeten i en smord och mjölad kakform.
e) Grädda kakan enligt anvisningarna på förpackningen.
f) När kakan är gräddad, låt den svalna helt.
g) Smula den avsvalnade kakan till fina smulor med händerna eller en gaffel.
h) Ta små portioner av kaksmulorna och rulla dem till lagom stora bollar. Lägg kakbollarna på en bakplåtspappersklädd plåt.
i) Smält CandiQuik-beläggningen i en mikrovågssäker skål enligt anvisningarna på förpackningen. Om så önskas, tillsätt några droppar orange matfärg för att uppnå önskad färg.
j) Använd en gaffel eller tandpetare och doppa varje kakboll i den smälta CandiQuik-beläggningen, och se till att de är jämnt belagda. Låt eventuell överflödig beläggning droppa av.
k) Lägg tillbaka de belagda kakbollarna på bakplåtspappret. Dekorera med strössel direkt innan beläggningen stelnar.
l) Låt kakbitarna svalna och beläggningen stelna helt genom att ställa dem i kylen i ca 15-20 minuter.
m) När beläggningen är fast, överför du Orange Creamsicle Cake Bites till ett serveringsfat.
n) Servera och njut av dessa förtjusande godsaker vid din nästa sammankomst eller som en söt överseende.

35.CandiQuik Cannoli Bites

INGREDIENSER:
- 1 kopp ricottaost
- ½ kopp strösocker
- ½ tesked vaniljextrakt
- ¼ kopp mini chokladchips
- 1 paket CandiQuik (godisöverdrag med vaniljsmak)
- ¼ kopp hackade pistagenötter (valfritt, för garnering)
- Minibakelseskal eller cannoliskal

INSTRUKTIONER:

a) Kombinera ricottaost, strösocker och vaniljextrakt i en mixerskål. Blanda tills det är väl blandat.

b) Vik ner minichokladbitarna i ricottablandningen. Se till att de är jämnt fördelade.

c) Smält CandiQuik enligt anvisningarna på förpackningen. Vanligtvis innebär detta mikrovågsugn i 30 sekunders intervall tills den är helt smält.

d) Doppa kanterna på minidegen eller cannoliskalen i den smälta CandiQuik, försäkra dig om en jämn beläggning. Låt överflödig beläggning droppa av.

e) Lägg de belagda skalen på en bakplåtspappersklädd plåt och låt dem stelna tills CandiQuiken stelnar.

f) Fyll en spritspåse med ricottablandningen. Om du inte har en spritspåse kan du använda en Ziploc-påse och skära ett litet hål i ena hörnet.

g) Sprid ricottablandningen i varje belagt skal, fyll dem.

h) Om så önskas, strö hackade pistagenötter över den exponerade ricottafyllningen för extra smak och konsistens.

i) Låt Cannoli Bites svalna i kylen i minst 30 minuter så att fyllningen stelnar.

j) När de är kylda, servera och njut av dessa härliga CandiQuik Cannoli Bites!

36.CandiQuik Cherry Cake Bombs

INGREDIENSER:
TILL TÅRAN:
- 1 låda vit kakmix (plus ingredienser som anges på lådan, t.ex. ägg, olja, vatten)
- 1 dl maraschino körsbär, hackade och avrunna
- ½ kopp vita chokladchips

FÖR BELÄGGNING:
- 1 paket CandiQuik (godisöverdrag med vaniljsmak)

FÖR DEKORERING (VALFRI):
- Rött eller rosa godis smälter (för duggregn)
- Ytterligare hackade maraschino körsbär

INSTRUKTIONER:
TILL TÅRAN:
a) Värm ugnen enligt instruktionerna för kakmixen. Smörj och mjöla en 9x13-tums bakform.
b) Förbered den vita kakmixen enligt anvisningarna på förpackningen.
c) Vänd ner de hackade maraschinokörsbären och vita chokladchips i kaksmeten.
d) Häll smeten i den förberedda bakformen och grädda enligt anvisningarna på förpackningen.
e) Låt kakan svalna helt och smula sedan ner den i en stor skål.
f) Använd händerna eller en sked och blanda den smulade kakan tills den får en degliknande konsistens.
g) Ta små portioner av kakblandningen och rulla dem till lagom stora bollar. Lägg dem på en bakplåtspappersklädd plåt.

FÖR BELÄGGNING:
h) Smält CandiQuik enligt anvisningarna på förpackningen. Vanligtvis innebär detta mikrovågsugn i 30 sekunders intervall tills den är helt smält.
i) Doppa varje kakboll i den smälta CandiQuik, säkerställ en jämn beläggning.
j) Lägg tillbaka de belagda kakbollarna på den bakplåtspappersklädda plåten.

FÖR DEKORERING (VALFRI):

k) Smält de röda eller rosa godismeltorna enligt anvisningarna på förpackningen.
l) Ringla den smälta godismeltan över de belagda kakbollarna för en dekorativ touch.
m) Lägg en liten bit hackad maraschino körsbär ovanpå varje kakbomb.
n) Låt beläggningen stelna helt innan servering.

37. Margarita tårtbollar

INGREDIENSER:
FÖR Tårtbollarna:
- 1 låda vit kakmix (plus ingredienser som anges på lådan, t.ex. ägg, olja, vatten)
- ⅓ kopp tequila
- ¼ kopp trippelsek
- Skal av 2 limefrukter

FÖR MARGARITA GLASYREN:
- 2 koppar strösocker
- 2-3 matskedar tequila
- 1 matsked triple sek
- Skal av 1 lime

FÖR BELÄGGNING:
- 1 paket CandiQuik (godisöverdrag med vaniljsmak)
- Grovt salt (till garnering, valfritt)

INSTRUKTIONER:
FÖR Tårtbollarna:

a) Värm ugnen enligt instruktionerna för kakmixen. Smörj och mjöla en 9x13-tums bakform.

b) Förbered den vita kakmixen enligt anvisningarna på förpackningen.

c) När smeten är klar, rör ner tequila, triple sec och limeskal tills det är väl blandat.

d) Grädda kakan i den förberedda pannan enligt anvisningarna på förpackningen. Låt den svalna helt.

e) När kakan har svalnat, smula den till fina smulor i en stor mixerskål.

FÖR MARGARITA GLASYREN:

f) I en separat skål, vispa ihop strösocker, tequila, triple sec och limeskal tills du får en jämn glasyrkonsistens.

g) Häll glasyren över kaksmulorna och blanda tills det är väl blandat.

h) Rulla blandningen till små kakbollar, cirka 1 till 1,5 tum i diameter, och lägg dem på en bakplåtspappersklädd plåt.

i) Ställ plåten i kylen i minst 1-2 timmar för att stelna kakbollarna.

FÖR BELÄGGNING:

j) Smält CandiQuik enligt anvisningarna på förpackningen. Vanligtvis innebär detta mikrovågsugn i 30 sekunders intervall tills den är helt smält.
k) Använd en gaffel eller tandpetare, doppa varje kakboll i den smälta CandiQuik, för att säkerställa en jämn beläggning.
l) Lägg de belagda kakbollarna på en bakplåtspappersklädd plåt.
m) Valfritt: Strö grovt salt ovanpå varje kakboll medan CandiQuik-beläggningen fortfarande är våt för en Margarita-inspirerad saltkant.
n) Låt CandiQuik-beläggningen stelna helt innan servering.

38. CandiQuik Eyeball Cake Balls

INGREDIENSER:

- Tårtbollar (beredda med hjälp av ditt favoritrecept eller köpta i butik)
- 1 paket (16 uns) CandiQuik Candy Coating
- Röd gelglasyr eller hallonsylt för "blod" effekt
- Miniatyrchokladchips eller godisögon

INSTRUKTIONER:

a) Smält CandiQuik Candy Coating enligt anvisningarna på förpackningen.
b) Doppa varje kakboll i den smälta CandiQuik för att täcka den.
c) Placera två miniatyrchokladchips eller godisögon på den belagda kakbollen.
d) Använd röd gelglasyr eller hallonsylt för att skapa en "blod"-effekt runt ögonen.
e) Låt beläggningen stelna innan servering.

39. CandiQuik Pumpkin Spice Cake Bites

INGREDIENSER:
FÖR TÅRKBIT:
- 1 låda kryddkakamix plus ingredienser som står på lådan
- 1 kopp konserverad pumpapuré
- 1 tsk pumpapajkrydda

FÖR BELÄGGNING:
- 1 paket CandiQuik (godisöverdrag med vaniljsmak)

FÖR GARNERING (VALFRI):
- Mald kanel
- Hackade nötter (t.ex. pekannötter eller valnötter)

INSTRUKTIONER:
FÖR TÅRKBIT:
a) Värm ugnen enligt instruktionerna för kakmixen. Smörj och mjöla en 9x13-tums bakform.
b) Förbered kryddkakemixen enligt anvisningarna på förpackningen.
c) Tillsätt den konserverade pumpapurén och pumpapajkryddan i kaksmeten. Blanda tills det är väl blandat.
d) Häll smeten i den förberedda bakformen och grädda enligt anvisningarna på förpackningen. Låt kakan svalna helt.
e) När kakan har svalnat, smula den till fina smulor i en stor mixerskål.

FÖR MONTERING:
f) Använd händerna eller en sked för att blanda ihop den smulade kakan med händerna eller en sked tills den får en degliknande konsistens.
g) Rulla blandningen till små kakbollar, cirka 1 till 1,5 tum i diameter, och lägg dem på en bakplåtspappersklädd plåt.
h) Ställ plåten i kylen i minst 1-2 timmar för att stelna kakbollarna.

FÖR BELÄGGNING:
i) Smält CandiQuik enligt anvisningarna på förpackningen. Vanligtvis innebär detta mikrovågsugn i 30 sekunders intervall tills den är helt smält.
j) Använd en gaffel eller tandpetare, doppa varje kakboll i den smälta CandiQuik, för att säkerställa en jämn beläggning.
k) Lägg tillbaka de belagda kakbollarna på den bakplåtspappersklädda plåten.

FÖR GARNERING (VALFRI):
l) Medan CandiQuik-beläggningen fortfarande är våt, strö mald kanel eller hackade nötter ovanpå varje kakboll för extra smak och dekoration.
m) Låt CandiQuik-beläggningen stelna helt innan servering.

40.CandiQuik Choklad BaNilla Wafer Bites

INGREDIENSER:
- Vanilj wafer cookies
- 1 paket CandiQuik (godisöverdrag med vaniljsmak)
- Mörk chokladchips eller mörk chokladsmältande rån (för duggring, valfritt)
- Strössel eller hackade nötter (valfritt, för dekoration)

INSTRUKTIONER:
a) Klä en plåt med bakplåtspapper.
b) Bryt CandiQuik i bitar och lägg den i en värmesäker skål. Smält CandiQuik enligt anvisningarna på förpackningen. Vanligtvis innebär detta mikrovågsugn i 30 sekunders intervall tills den är helt smält.
c) Doppa varje vaniljkaka i den smälta CandiQuik och se till att den är helt täckt.
d) Använd en gaffel eller ett doppningsverktyg för att lyfta den belagda skivan ur CandiQuik, så att eventuell överflödig beläggning kan droppa av.
e) Lägg det belagda rånet på den bakplåtspappersklädda plåten.
f) Valfritt: Om du vill lägga till en dekorativ touch, ringla smält mörk choklad över de CandiQuik-belagda rånen med en sked eller en spritspåse. Du kan också strö strössel eller hackade nötter över den våta CandiQuik-beläggningen för extra textur och dekoration.
g) Låt CandiQuik-beläggningen (och eventuella ytterligare dekorationer) härda och stelna helt.

41. CandiQuik vin- och chokladkakabitar

INGREDIENSER:
FÖR TÅRKBIT:
- 1 ask chokladkakamix (plus ingredienser som anges på kartongen, t.ex. ägg, olja, vatten)
- 1 kopp rött vin (använd ett vin med smaker du tycker om)
- ½ kopp CandiQuik (godisöverdrag med vaniljsmak), smält

FÖR BELÄGGNING:
- 1 paket CandiQuik (godisöverdrag med vaniljsmak)

FÖR GARNERING (VALFRI):
- Mörk chokladspån eller kakaopulver
- Havssaltflingor

INSTRUKTIONER:
FÖR TÅRKBIT:
a) Värm ugnen enligt instruktionerna för chokladkakablandningen. Smörj och mjöla en 9x13-tums bakform.
b) Förbered chokladkakablandningen enligt anvisningarna på förpackningen, ersätt vattnet med rött vin.
c) Häll smeten i den förberedda bakformen och grädda enligt anvisningarna på förpackningen. Låt kakan svalna helt.
d) När kakan har svalnat, smula den till fina smulor i en stor mixerskål.

FÖR MONTERING:
e) Använd händerna eller en sked för att blanda ihop den smulade kakan med händerna eller en sked tills den får en degliknande konsistens.
f) Rulla blandningen till små kakbollar, cirka 1 till 1,5 tum i diameter, och lägg dem på en bakplåtspappersklädd plåt.
g) Ställ plåten i kylen i cirka 30 minuter för att stelna kakbollarna.

FÖR BELÄGGNING:
h) Smält CandiQuik enligt anvisningarna på förpackningen. Vanligtvis innebär detta mikrovågsugn i 30 sekunders intervall tills den är helt smält.
i) Använd en gaffel eller tandpetare, doppa varje kakboll i den smälta CandiQuik, för att säkerställa en jämn beläggning.
j) Lägg tillbaka de belagda kakbollarna på den bakplåtspappersklädda plåten.

FÖR GARNERING (VALFRI):
k) Medan CandiQuik-beläggningen fortfarande är våt, strö mörka chokladspån eller kakaopulver ovanpå varje kakboll för extra smak och dekoration.
l) Strö eventuellt några havssaltflingor ovanpå för att förstärka den rika chokladsmaken.
m) Låt CandiQuik-beläggningen stelna helt innan servering.

42. Pot O' Gold Rainbow Cake Bites

INGREDIENSER:

- 1 låda av din favoritkakamix (plus ingredienser som anges på lådan)
- 1 kopp smörkrämglasyr
- CandiQuik Candy Coating
- Regnbågsströssel
- Guld choklad mynt

INSTRUKTIONER:

a) Följ instruktionerna på kakmixboxen för att förbereda kaksmeten. Grädda kakan i en rektangulär form enligt anvisningarna på förpackningen. Låt kakan svalna helt.
b) När kakan har svalnat smula den till fina smulor i en stor skål.
c) Blanda i smörkrämen gradvis tills kaksmulorna klibbar ihop och bildar en degliknande konsistens.
d) Ta små portioner av blandningen och rulla dem till lagom stora bollar.
e) Smält CandiQuik Candy Coating enligt anvisningarna på förpackningen.
f) Använd en gaffel eller tandpetare och doppa varje kakboll i den smälta CandiQuik för att täcka den helt.
g) Innan beläggningen sätter, strö regnbågsströssel ovanpå varje belagd kakboll.
h) Placera ett guldchokladmynt ovanpå varje kakboll för att representera krukan med guld.
i) Låt kakbitarna stelna på bakplåtspapper tills beläggningen stelnar.
j) När beläggningen är helt härdad är dina CandiQuik Pot O' Gold Rainbow Cake Bites redo att serveras!

43.CandiQuik Acorn Cake Bites

INGREDIENSER:
- Tårtbitar (beredda med ditt favoritrecept eller köpta i butik)
- 1 paket (16 uns) CandiQuik Candy Coating
- Chokladchips eller Hershey's Kisses
- Pretzel pinnar

INSTRUKTIONER:
a) Smält CandiQuik Candy Coating enligt anvisningarna på förpackningen.
b) Doppa varje kakbit i den smälta CandiQuik för att täcka den.
c) Placera en chokladbit eller Hershey's Kiss ovanpå ekollonkåpan.
d) Sätt in en liten bit kringla sticka i kakbiten som ekollonstammen.
e) Låt beläggningen stelna innan servering.

44.CandiQuik Pumpkin Cake Bites

INGREDIENSER:

FÖR PUMPAKAKABET:
- 1 låda kryddkakamix plus ingredienser som står på lådan
- 1 kopp konserverad pumpapuré
- 1 tsk pumpapajkrydda
- ½ kopp CandiQuik (godisöverdrag med vaniljsmak), smält

FÖR BELÄGGNING:
- 1 paket CandiQuik (godisöverdrag med vaniljsmak)

FÖR GARNERING (VALFRI):
- Krossade grahams kex
- Kanelsocker
- Hackade nötter (t.ex. pekannötter eller valnötter)

INSTRUKTIONER:

FÖR PUMPAKAKABET:
a) Värm ugnen enligt instruktionerna för kryddkakamix. Smörj och mjöla en 9x13-tums bakform.
b) Förbered kryddkakemixen enligt anvisningarna på förpackningen.
c) Tillsätt den konserverade pumpapurén och pumpapajkryddan i kaksmeten. Blanda tills det är väl blandat.
d) Häll smeten i den förberedda bakformen och grädda enligt anvisningarna på förpackningen. Låt kakan svalna helt.
e) När kakan har svalnat, smula den till fina smulor i en stor mixerskål.

FÖR MONTERING:
f) Använd händerna eller en sked för att blanda ihop den smulade kakan tills den får en degliknande konsistens.
g) Rulla blandningen till små kakbollar, cirka 1 till 1,5 tum i diameter, och lägg dem på en bakplåtspappersklädd plåt.
h) Ställ plåten i kylen i cirka 30 minuter för att stelna kakbollarna.

FÖR BELÄGGNING:
i) Smält CandiQuik enligt anvisningarna på förpackningen. Vanligtvis innebär detta mikrovågsugn i 30 sekunders intervall tills den är helt smält.
j) Använd en gaffel eller tandpetare, doppa varje kakboll i den smälta CandiQuik, för att säkerställa en jämn beläggning.

k) Lägg tillbaka de belagda kakbollarna på den bakplåtspappersklädda plåten.

FÖR GARNERING (VALFRI):

l) Medan CandiQuik-beläggningen fortfarande är våt, strö krossade graham-kex, kanelsocker eller hackade nötter ovanpå varje kakboll för extra smak och dekoration.

m) Låt CandiQuik-beläggningen stelna helt innan servering.

45.Hjärtkakabett

INGREDIENSER:
- 1 låda röd sammet kakmix
- 1 kopp cream cheese frosting
- CandiQuik chokladöverdrag

INSTRUKTIONER:
a) Förbered den röda sammetstårtan enligt anvisningarna på förpackningen.
b) Låt kakan svalna, smula den sedan och blanda ner cream cheese frosting.
c) Rulla blandningen till små hjärtformade kakbitar.
d) Smält CandiQuik-chokladöverdraget och doppa varje kakbit i överdrag.
e) Lägg dem på en bakplåtspappersklädd plåt och låt chokladöverdraget stelna.

46.Kikärtskakadegbitar

INGREDIENSER:
- 1 burk (15 uns) kikärter, avrunna och sköljda
- ½ dl glutenfri havre
- ¼ kopp mandelsmör
- ¼ kopp honung
- 1 tsk vaniljextrakt
- Nypa salt
- 1 paket (16 uns) CandiQuik Candy Coating

INSTRUKTIONER:
a) Blanda kikärtor, havre, mandelsmör, honung, vaniljextrakt och salt i en matberedare tills en degliknande konsistens uppnås.
b) Forma degen till lagom stora bollar och lägg dem på en bakplåtspappersklädd plåt.
c) Smält CandiQuik Candy Coating enligt anvisningarna på förpackningen.
d) Doppa varje kakdegsbit i den smälta CandiQuik för att täcka den.
e) Låt beläggningen stelna innan servering.

47.CandiQuik smältande snögubbar Cake Balls

INGREDIENSER:
- Tårtbollar (beredda med hjälp av ditt favoritrecept eller köpta i butik)
- 1 paket (16 uns) CandiQuik Candy Coating
- Miniatyrchokladchips eller godisögon
- Apelsingodis smälter (eller apelsinglasyr) för morotsnäsorna
- Dekorativ glasyr för halsdukar och knappar

INSTRUKTIONER:
a) Doppa varje kakboll i smält CandiQuik-beläggning.
b) Placera två miniatyrchokladchips eller godisögon på den smälta beläggningen för ögon.
c) Använd en liten bit apelsingodis smälta eller glasyr för att skapa en morotsnäsa.
d) Dekorera med glasyr för att göra halsdukar och knappar, vilket ger sken av smältande snögubbar.
e) Låt överdraget stelna innan servering.

48. CandiQuik Cadbury ägg

INGREDIENSER:
FÖR FYLLNING:
- ½ kopp osaltat smör, mjukat
- 2 ½ koppar strösocker
- 1 tsk vaniljextrakt
- Gul matfärg (valfritt)

FÖR CHOKLADTRÄCKET:
- 1 paket CandiQuik (godisöverdrag med vaniljsmak)
- 1 matsked vegetabilisk olja

INSTRUKTIONER:
FÖR FYLLNING:
a) Vispa det mjukade smöret i en bunke tills det är krämigt.
b) Tillsätt florsocker gradvis till smöret, blanda väl efter varje tillsats.
c) Tillsätt vaniljextrakt och fortsätt att blanda tills blandningen bildar en smidig och smidig deg.
d) Om så önskas, tillsätt några droppar gul matfärg för att uppnå den klassiska Cadbury-äggfärgen. Blanda tills färgen är jämnt fördelad.
e) Dela degen i små portioner och forma varje portion till en äggliknande form. Lägg de formade äggen på en bakplåtspappersklädd plåt.
f) Ställ brickan i kylen för att kyla medan du förbereder chokladöverdraget.

FÖR CHOKLADTRÄCKET:
g) Bryt CandiQuik i bitar och lägg den i en värmesäker skål. Tillsätt vegetabilisk olja till CandiQuik.
h) Smält CandiQuik enligt anvisningarna på förpackningen. Vanligtvis innebär detta mikrovågsugn i 30 sekunders intervall tills den är helt smält.
i) Ta ut den formade fyllningen från kylen.
j) Använd en gaffel eller ett godisdoppningsverktyg, doppa varje fyllning i den smälta CandiQuik, se till att den är helt belagd.
k) Låt eventuell överflödig CandiQuik-beläggning droppa av och lägg sedan tillbaka de belagda äggen på bakplåtspappret.
l) När alla ägg är överdragna, placera brickan i kylskåpet så att chokladöverdraget stelnar helt.
m) När de är färdigställda är dina hemgjorda Cadbury-ägg redo att avnjutas!

TÄCKTA FRUKT

49. CandiQuik vaniljdoppade blåbär

INGREDIENSER:
- Färska blåbär, tvättade och torkade
- 1 paket CandiQuik (godisöverdrag med vaniljsmak)
- Valfritt: Vitt strössel, riven kokos eller hackade nötter för dekoration

INSTRUKTIONER:
a) Klä en plåt med bakplåtspapper.
b) Bryt CandiQuik i bitar och lägg den i en värmesäker skål. Smält CandiQuik enligt anvisningarna på förpackningen. Vanligtvis innebär detta mikrovågsugn i 30 sekunders intervall tills den är helt smält.
c) När CandiQuik har smält, använd en tandpetare eller spett för att doppa varje blåbär i den smälta beläggningen, vilket säkerställer en jämn och slät beläggning.
d) Låt eventuell överflödig beläggning droppa av och lägg de belagda blåbären på den bakplåtspappersklädda plåten.
e) Valfritt: Om du vill lägga till en dekorativ touch, strö vitt strössel, strimlad kokos eller hackade nötter över den våta CandiQuik-beläggningen på varje blåbär.
f) Låt CandiQuik-beläggningen härda och stelna helt.
g) När de vaniljdoppade blåbären är helt stelna kan du överföra dem till ett serveringsfat eller förvara dem i en lufttät behållare.

50.CandiQuik Choklad Täckta Jordgubbar

INGREDIENSER:
- Färska jordgubbar, tvättade och torkade
- 1 paket CandiQuik (godisöverdrag med vaniljsmak)
- Valfritt: Vit chokladchips, mörk chokladchips eller annat pålägg för dekoration

INSTRUKTIONER:
a) Klä en plåt med bakplåtspapper.
b) Bryt CandiQuik i bitar och lägg den i en värmesäker skål. Smält CandiQuik enligt anvisningarna på förpackningen. Vanligtvis innebär detta mikrovågsugn i 30 sekunders intervall tills den är helt smält.
c) Håll varje jordgubbe i stjälken eller använd tandpetare för att doppa jordgubbarna i den smälta CandiQuik, täck dem ungefär två tredjedelar av vägen.
d) Låt eventuell överflödig CandiQuik-beläggning droppa av och lägg sedan de chokladtäckta jordgubbarna på den bakplåtspappersklädda plåten.
e) Valfritt: Medan CandiQuik-beläggningen fortfarande är våt kan du ringla smält vit choklad, mörk choklad eller andra pålägg över de chokladtäckta jordgubbarna för extra dekoration.
f) Låt CandiQuik-beläggningen härda helt.
g) När de har satts är dina chokladtäckta jordgubbar redo att avnjutas!

51. Röda, vita och blåa jordgubbar

INGREDIENSER:
- Färska jordgubbar, tvättade och torkade
- 1 paket CandiQuik (godisöverdrag med vaniljsmak)
- Blått godis smälter
- Vitt godis smälter
- Valfritt: Rött, vitt och blått strössel eller ätbart glitter för dekoration

INSTRUKTIONER:
a) Klä en plåt med bakplåtspapper.
b) Bryt CandiQuik i bitar och lägg den i en värmesäker skål. Smält CandiQuik enligt anvisningarna på förpackningen. Vanligtvis innebär detta mikrovågsugn i 30 sekunders intervall tills den är helt smält.
c) Dela upp jordgubbarna i tre grupper.
d) Doppa en grupp jordgubbar i den smälta CandiQuik tills den är helt täckt. Lägg dem på den bakplåtspappersklädda plåten.
e) Doppa en annan grupp jordgubbar i smält blå godis tills de är helt täckta. Lägg dem bredvid de vitdragna jordgubbarna på plåten.
f) Doppa den återstående gruppen av jordgubbar i smält vitt godis tills det är helt täckt. Lägg dem bredvid de blåöverdragna jordgubbarna på plåten.
g) Valfritt: Medan godisbeläggningen fortfarande är våt, strö rött, vitt och blått strössel eller ätbart glitter över toppen av varje belagd jordgubbe för en festlig touch.
h) Låt godisbeläggningen stelna och stelna helt.
i) När de har satts är dina röda, vita och blåa jordgubbar redo att avnjutas!

52.Täckta bananbett

INGREDIENSER:

- Bananer, skalade och skivade i lagom stora bitar
- 1 paket CandiQuik vaniljbeläggning
- Hackade nötter eller strimlad kokos (valfritt för beläggning)

INSTRUKTIONER:

a) Smält CandiQuik-vaniljöverdraget enligt anvisningarna på förpackningen.
b) Doppa varje bananbit i den smälta vaniljbeläggningen och täck den helt.
c) Lägg de belagda bananbitarna på en plåt med bakplåtspapper.
d) Om så önskas, rulla de belagda bananbitarna i hackade nötter eller strimlad kokos.
e) Låt beläggningen stelna i rumstemperatur eller i kylen.
f) När du är klar, servera och njut av dessa läckra CandiQuik-täckta bananbitar.

53.CandiQuik täckta äppelskivor

INGREDIENSER:
- Äpplen, skivade i klyftor
- 1 paket CandiQuik chokladöverdrag
- Krossade nötter eller strössel (valfritt för topping)

INSTRUKTIONER:
a) Smält CandiQuik-chokladöverdraget enligt anvisningarna på förpackningen.
b) Doppa varje äppelklyfta i den smälta chokladen och se till att den är helt överdragen.
c) Lägg de doppade äppelskivorna på en plåt med bakplåtspapper.
d) Om så önskas, strö krossade nötter eller färgglada strössel ovanpå chokladöverdraget.
e) Låt chokladen stelna i rumstemperatur eller i kylen.
f) När du är klar, servera och njut av dessa läckra CandiQuik-täckta äppelskivor.

54. Cinco de Mayo jordgubbar

INGREDIENSER:
- Färska jordgubbar, tvättade och torkade
- 1 paket CandiQuik (godisöverdrag med vaniljsmak)
- Grönfärgat socker eller grönt strössel
- Vitt eller guldfärgat socker eller strössel
- Valfritt: Limeskal till garnering

INSTRUKTIONER:
a) Klä en plåt med bakplåtspapper.
b) Bryt CandiQuik i bitar och lägg den i en värmesäker skål. Smält CandiQuik enligt anvisningarna på förpackningen. Vanligtvis innebär detta mikrovågsugn i 30 sekunders intervall tills den är helt smält.
c) Håll varje jordgubbe i stjälken eller använd tandpetare för att doppa jordgubbarna i den smälta CandiQuik, täck dem ungefär två tredjedelar av vägen.
d) Låt eventuell överflödig CandiQuik-beläggning droppa av och lägg sedan de belagda jordgubbarna på den bakplåtspappersklädda plåten.
e) Medan CandiQuik-beläggningen fortfarande är våt, strö grönfärgat socker eller grönt strössel på en tredjedel av de belagda jordgubbarna. Detta representerar den gröna färgen på den mexikanska flaggan.
f) Strö vitt eller guldfärgat socker eller strö på ytterligare en tredjedel av de belagda jordgubbarna. Detta representerar den vita färgen på den mexikanska flaggan.
g) Lämna den återstående tredjedelen av de belagda jordgubbarna utan ytterligare strössel för den röda färgen på den mexikanska flaggan.
h) Valfritt: Skala lime över jordgubbarna för en skur av citrussmak och tillsatt garnering.
i) Låt CandiQuik-beläggningen härda helt.
j) När de har satts är dina Cinco de Mayo jordgubbar redo att avnjutas!

55.Jordgubbstomtehattar

INGREDIENSER:
- CandiQuik (vit chokladöverdrag)
- Färska jordgubbar
- Miniatyrmarshmallows

INSTRUKTIONER:
a) Smält vit choklad CandiQuik enligt anvisningarna på förpackningen.
b) Doppa den spetsiga änden av en jordgubbe i den smälta CandiQuik.
c) Placera en miniatyrmarshmallow ovanpå den belagda jordgubben för att forma tomteluvans pom-pom.
d) Låt CandiQuik stelna innan servering.

TÅRTOR, DONUTS OCH PAJER

56. CandiQuik Lemon Blueberry Cheesecake

INGREDIENSER:
FÖR SKORPA:
- 1 ½ dl grahamssmulor
- ¼ kopp smält smör
- ¼ kopp strösocker

FÖR CHEESCAKE-FYLLNING:
- 3 paket (8 uns vardera) färskost, mjukad
- 1 kopp strösocker
- 3 stora ägg
- 1 tsk vaniljextrakt
- Skal av 1 citron
- ¼ kopp färsk citronsaft
- 1 dl färska blåbär

FÖR CANDIQUIK LEMON GLAZE:
- 1 paket CandiQuik (godisöverdrag med vaniljsmak)
- Skal av 1 citron
- 2 matskedar färsk citronsaft

INSTRUKTIONER:
FÖR SKORPAN:
a) Värm ugnen till 325°F (163°C). Smörj en 9-tums springform.
b) I en skål, kombinera grahamssmulor, smält smör och strösocker. Tryck ut blandningen i botten av den förberedda pannan för att bilda skorpan.
c) Grädda skorpan i den förvärmda ugnen i cirka 10 minuter. Ta ut ur ugnen och låt den svalna medan du förbereder fyllningen.

FÖR CHEESCAKE-FYLLNING:
d) Vispa färskost och strösocker i en stor bunke till en jämn smet.
e) Tillsätt äggen, ett i taget, vispa ordentligt efter varje tillsats.
f) Rör i vaniljextrakt, citronskal och färsk citronsaft tills det är väl blandat.
g) Vänd försiktigt ner de färska blåbären.
h) Häll cheesecakefyllningen över den avsvalnade skorpan.
i) Grädda i den förvärmda ugnen i ca 50-60 minuter eller tills mitten stelnat.

j) Ta ut cheesecaken från ugnen och låt den svalna till rumstemperatur. Kyl i minst 4 timmar eller över natten.

FÖR CANDIQUIK LEMON GLAZE:
k) Bryt CandiQuik i bitar och lägg den i en värmesäker skål. Smält CandiQuik enligt anvisningarna på förpackningen.
l) Rör ner citronskal och färsk citronsaft i den smälta CandiQuik tills den är väl blandad.
m) Häll CandiQuik citronglasyr över den kylda cheesecaken och fördela den jämnt.
n) Sätt tillbaka cheesecaken i kylen så att glasyren stelnar.
o) När glasyren har stelnat, ta bort cheesecaken från springformen, skiva och servera.

57. CandiQuik Pumpkin Cheesecake

INGREDIENSER:
- Pumpkin cheesecake bars eller rutor (beredda med ditt favoritrecept eller köpta i butik)
- 1 paket (16 uns) CandiQuik Candy Coating
- Krossade grahams kex för beläggning (valfritt)

INSTRUKTIONER:
a) Skär pumpacheesecaken i lagom stora rutor.
b) Smält CandiQuik Candy Coating enligt anvisningarna på förpackningen.
c) Doppa varje cheesecakeruta i den smälta CandiQuik för att täcka den.
d) Om så önskas, rulla den belagda fyrkanten i krossade grahams kex för ytterligare smak och konsistens.
e) Låt beläggningen stelna innan servering.

58.CandiQuik Shark Fin Cupcake Toppers

INGREDIENSER:
FÖR HAJFINER:
- 1 paket CandiQuik (godisöverdrag med vaniljsmak)
- Blå matfärg
- Vit fondant eller vitt godis smälter (för hajfenor)

FÖR CUPCAKES (VALFRI):
- Ditt favoritrecept för muffins eller köpta muffins
- Blå frosting

INSTRUKTIONER:
FÖR HAJFINER:
a) Bryt CandiQuik i bitar och lägg den i en värmesäker skål. Smält CandiQuik enligt anvisningarna på förpackningen. Vanligtvis innebär detta mikrovågsugn i 30 sekunders intervall tills den är helt smält.
b) Tillsätt några droppar blå matfärg till den smälta CandiQuik och rör om tills du uppnår önskad nyans av blått för havet.
c) Kavla ut vit fondant eller smält vitt godis smälter enligt förpackningens instruktioner.
d) Använd en hajfensformad kakskärare eller en mall, skär ut hajfenor från den vita fondanten eller den vita godissmältan.
e) Doppa varje hajfena i den blå CandiQuik-beläggningen, vilket säkerställer en jämn och slät beläggning.
f) Lägg de belagda hajfenorna på en bakplåtspapperklädd bricka och låt dem stelna helt.

FÖR CUPCAKES (VALFRI):
g) Baka ditt favoritrecept för cupcakes eller använd cupcakes som du har köpt i butik.
h) När cupcakes har svalnat, frost dem med blå frosting för att representera havet.

HOPSÄTTNING:
i) När hajfenorna är helt härdade, sätt försiktigt in dem i toppen av varje cupcake, vilket skapar en hajfena som kommer ut från "havet".
j) Om så önskas kan du lägga till ytterligare dekorationer som fiskformade strössel eller blå strössel för att förstärka undervattenstemat.
k) Ordna cupcakes på ett serveringsfat och njut av dina bedårande Shark Fin Cupcakes!

59. CandiQuik Citron Mandel Donuts

INGREDIENSER:
FÖR DONUTS:
- 2 koppar universalmjöl
- 1 kopp strösocker
- 1 ½ tsk bakpulver
- ½ tesked bakpulver
- ¼ tesked salt
- ½ kopp osaltat smör, smält
- 2 stora ägg
- 1 kopp kärnmjölk
- 1 tsk vaniljextrakt
- Skal av 2 citroner
- ½ kopp hackad mandel (till topping)

FÖR CANDIQUIK CITRONMANDELGLASUREN:
- 1 paket CandiQuik (godisöverdrag med vaniljsmak)
- Saften av 2 citroner
- 1 kopp strösocker
- ¼ kopp hackad mandel (för topping)

INSTRUKTIONER:
FÖR DONUTS:
a) Värm ugnen till 350°F (175°C). Smörj en munkform.
b) I en stor bunke, vispa ihop mjöl, socker, bakpulver, bakpulver och salt.
c) I en separat skål, vispa ihop det smälta smöret, äggen, kärnmjölken, vaniljextraktet och citronskalet.
d) Tillsätt de våta ingredienserna till de torra ingredienserna, rör om tills det precis blandas. Blanda inte för mycket.
e) Häll smeten i den förberedda munkformen, fyll varje form cirka ⅔ full.
f) Grädda i den förvärmda ugnen i 12-15 minuter eller tills en tandpetare som sticks in i en munk kommer ut ren.
g) Låt munkarna svalna i pannan i några minuter innan du överför dem till ett galler för att svalna helt.

FÖR CANDIQUIK CITRONMANDELGLASUREN:

h) Smält CandiQuik enligt anvisningarna på förpackningen. Vanligtvis innebär detta mikrovågsugn i 30 sekunders intervall tills den är helt smält.
i) I en skål, kombinera den smälta CandiQuik med citronsaft och strösocker. Rör om tills det är slätt och väl kombinerat.
j) Doppa varje kyld munk i CandiQuik citronmandelglasyr, vilket säkerställer en jämn beläggning.
k) Strö hackad mandel ovanpå de glaserade munkarna för extra smak och konsistens.
l) Låt glasyren stelna innan servering.

60. CandiQuik Glasspaj

INGREDIENSER:
FÖR SKORPA:
- 2 koppar graham cracker smulor
- ½ kopp osaltat smör, smält
- ¼ kopp strösocker

FÖR FYLLNING:
- 1 paket CandiQuik (godisöverdrag med vaniljsmak)
- 1 liter (cirka 4 koppar) av din favoritglassmak(er)

FÖR TOPPINGS (VALFRI):
- Vispgrädde
- Chokladsås
- Hackade nötter
- Strössel
- Maraschino körsbär

INSTRUKTIONER:
FÖR SKORPA:
a) I en skål, kombinera graham cracker smulor, smält smör och strösocker. Blanda tills smulorna är jämnt täckta.
b) Tryck ut blandningen i botten och upp på sidorna av en pajform för att bilda skorpan.
c) Placera skorpan i kylen för att kyla medan du förbereder fyllningen.

FÖR FYLLNING:
d) Smält CandiQuik enligt anvisningarna på förpackningen. Vanligtvis innebär detta mikrovågsugn i 30 sekunders intervall tills den är helt smält.
e) Låt den smälta CandiQuik svalna något.
f) Häll den mjukgjorda glassen i grahamsbrödskorpan och fördela den jämnt.
g) Häll den smälta CandiQuik över glassen, skapa en slät och glansig beläggning.
h) Ställ pajen i frysen och låt stelna i minst 2-3 timmar eller tills CandiQuiken stelnar.

FÖR TOPPINGS (VALFRI):
i) Innan servering, lägg till dina favoritpålägg som vispad grädde, chokladsås, hackade nötter, strössel och maraschinokörsbär.
j) Skiva och servera CandiQuik Ice Cream Pie kall.

61. Tårta munkar med choklad och rostad kokos

INGREDIENSER:
- 2 koppar universalmjöl
- ¾ kopp socker
- 2 tsk bakpulver
- ½ tsk salt
- ¾ kopp kärnmjölk
- 1 tsk vaniljextrakt
- 1 tsk vaniljstångspasta (eller frön från en vaniljstång)
- 2 ägg
- 2 msk smör, smält
- 8 uns Choklad CandiQuik-beläggning
- ½ kopp rostad kokos

INSTRUKTIONER:
a) Värm ugnen till 350°F. Spraya munkpannan med nonstick-spray.
b) I en stor skål, vispa ihop mjöl, socker, bakpulver och salt.
c) Tillsätt kärnmjölk, ägg, vanilj och smör och vispa tills det precis blandas.
d) Häll smeten i en spritspåse (eller plastpåse med ena hörnet avklippt); rör ner i en munkpanna, fyll varje munkfördjupning till cirka ¾ full.
e) Grädda i 10-12 minuter eller tills toppen studsar tillbaka om den vidrörs. Låt svalna.
f) Smält choklad CandiQuik i Smält och gör mikrovågsugn enligt anvisningarna på förpackningen.
g) Doppa toppen av munkarna i chokladöverdraget och strö över rostad kokos. Servera omedelbart.

POPS

62.Banan Cereal Pops

INGREDIENSER:
- 1 (16 ounce) paket Vanilla CandiQuik Coating
- 4-5 koppar jordgubbs-majsflingor, krossade
- 6 bananer
- Popsicle sticks/spett

INSTRUKTIONER:
a) Skala och skär bananerna i 4-5 cm stora bitar.
b) Tryck ut varje bananbit på en ispinne och ställ in den i frysen i 15-20 minuter.
c) Smält vanilj CandiQuik i smält och gör mikrovågsugn enligt anvisningarna på förpackningen.
d) Håll i bananpoppen, doppa den direkt i brickan med Vanilla CandiQuik och använd en sked för att täcka bananen helt.
e) Rulla omedelbart bananpop i den krossade flingorna. Lägg på vaxpapper.

63. CandiQuik Truffula Tree Cake Pops

INGREDIENSER:
FÖR CAKE POPS:
- 1 låda av din favoritkakamix (plus ingredienser som anges på lådan, t.ex. ägg, olja, vatten)
- ½ dl smörkrämfrosting (köpt i butik eller hemgjord)
- Lollipop pinnar

FÖR BELÄGGNING:
- 1 paket CandiQuik (godisöverdrag med vaniljsmak)
- Diverse livfulla matfärger (för Truffula-trädfärger)
- Ätbara färgade sockerarter eller strössel (för trädkronor)

INSTRUKTIONER:
FÖR CAKE POPS:
a) Värm ugnen enligt instruktionerna för kakmixen. Smörj och mjöla en kakform.
b) Förbered kakmixen enligt anvisningarna på förpackningen.
c) Grädda kakan enligt anvisningarna och låt den svalna helt.
d) När kakan har svalnat, smula den till fina smulor i en stor mixerskål.
e) Tillsätt smörkrämen till kaksmulorna och blanda tills det är väl blandat. Blandningen ska ha en degliknande konsistens.
f) Forma blandningen till små cake pop-stora bollar och lägg dem på en bakplåtspappersklädd plåt.
g) Sätt i klubbor i varje kakboll för att skapa cake pops.

FÖR BELÄGGNING:
h) Bryt CandiQuik i bitar och lägg den i en värmesäker skål. Smält CandiQuik enligt anvisningarna på förpackningen. Vanligtvis innebär detta mikrovågsugn i 30 sekunders intervall tills den är helt smält.
i) Dela den smälta CandiQuik i mindre skålar och lägg till olika livfulla matfärger till varje skål för att representera de olika färgerna på Truffula-träden.
j) Doppa varje cake pop i den färgade CandiQuik, säkerställ en jämn beläggning.
k) Innan beläggningen sätter, strö ätbara färgade sockerarter eller strössel på toppen av varje cake pop för att likna den tuftade toppen av ett tryffelträd.
l) Låt CandiQuik-beläggningen stelna helt innan servering.

64. CandiQuik Turkiet Rice Krispie Pops

INGREDIENSER:
FÖR RICE KRISPIE GOTT:
- 6 koppar Rice Krispies flingor
- 4 koppar mini marshmallows
- 3 matskedar osaltat smör
- Orange och gul matfärg (gel eller vätska)

FÖR INREDNING:
- 1 paket CandiQuik (godisöverdrag med vaniljsmak)
- Godisögon
- Godis majs
- Röd frukt läder eller lakritssnören (för vadlen)

INSTRUKTIONER:

FÖR RICE KRISPIE GOTT:
a) Smält smöret på låg värme i en stor kastrull.
b) Tillsätt minimarshmallows i det smälta smöret och rör om tills de är helt smält och slät.
c) Ta bort kastrullen från värmen och tillsätt några droppar orange och gul matfärg för att få en kalkonfjäderfärg. Rör om tills det är väl blandat.
d) Vänd snabbt ner Rice Krispies-flingorna tills de är jämnt belagda med marshmallowblandningen.
e) Tryck ut den färgade Rice Krispie-blandningen i en smord 9x13-tums panna. Låt den svalna och stelna.
f) När Rice Krispie-godsakerna har svalnat helt, använd en kalkonformad kakform eller skär ut kalkonformer med en kniv.

FÖR INREDNING:
g) Smält CandiQuik enligt anvisningarna på förpackningen. Vanligtvis innebär detta mikrovågsugn i 30 sekunders intervall tills den är helt smält.
h) Doppa den övre delen av varje kalkonformad Rice Krispie-godis i den smälta CandiQuik, låt eventuellt överskott droppa av.
i) Placera godisögon på den smälta CandiQuik-belagda delen av varje kalkon.
j) Fäst godismajs till den nedre delen av kalkonen för att representera fjädrar.
k) Klipp små bitar av rött fruktläder eller lakritssnören och fäst dem under godismajsen som kalkonens väska.
l) Låt CandiQuik-beläggningen stelna helt innan servering.

65. CandiQuik S'more Pops

INGREDIENSER:
- Marshmallows
- Graham kex, krossad
- 1 paket CandiQuik (godisöverdrag med vaniljsmak)
- Lollipop pinnar
- Mini chokladchips eller chokladbitar
- Valfritt: Krossade nötter eller strössel för beläggning

INSTRUKTIONER:
a) Klä en plåt med bakplåtspapper.
b) Sätt i klubbor i marshmallows, se till att de sitter fast men inte sticker igenom.
c) Bryt CandiQuik i bitar och lägg den i en värmesäker skål. Smält CandiQuik enligt anvisningarna på förpackningen. Vanligtvis innebär detta mikrovågsugn i 30 sekunders intervall tills den är helt smält.
d) Doppa varje marshmallow i den smälta CandiQuik, se till att den är jämnt belagd.
e) Låt eventuell överflödig beläggning droppa av och rulla sedan den belagda marshmallowen i krossade grahamsbröd. Tryck på grahams kex på marshmallowen för att fästa.
f) Lägg den belagda marshmallowen på den förberedda bakplåten.
g) Innan CandiQuik-beläggningen sätter, tryck in minichokladbitar eller chokladbitar i beläggningen för att representera chokladskiktet av en s'more.
h) Valfritt: Om så önskas, strö krossade nötter eller färgglada strössel över den våta CandiQuik-beläggningen för extra textur och dekoration.
i) Låt CandiQuik-beläggningen härda helt.
j) När du är klar är dina CandiQuik S'more Pops redo att avnjutas!

66. CandiQuik Grape Poppers

INGREDIENSER:

- Röda eller gröna kärnfria druvor
- 1 paket CandiQuik (godisöverdrag med vaniljsmak)
- Träspett eller tandpetare
- Valfritt: Färgat strössel eller ätbart glitter för dekoration

INSTRUKTIONER:

a) Tvätta och torka druvorna noggrant. Se till att de är helt torra för att hjälpa CandiQuik-beläggningen att fästa.
b) Klä en plåt med bakplåtspapper.
c) Bryt CandiQuik i bitar och lägg den i en värmesäker skål. Smält CandiQuik enligt anvisningarna på förpackningen. Vanligtvis innebär detta mikrovågsugn i 30 sekunders intervall tills den är helt smält.
d) Spett varje druva med ett träspett eller tandpetare, lämna tillräckligt med utrymme för att hålla fast spetten.
e) Doppa varje druva i den smälta CandiQuik och se till att den är helt belagd. Du kan använda en sked för att täcka druvorna jämnt.
f) Låt eventuell överflödig CandiQuik-beläggning droppa av och lägg den belagda druvan på bakplåten med bakplåtspapper.
g) Valfritt: Medan CandiQuik-beläggningen fortfarande är våt, strö färgade strössel eller ätbart glitter över toppen för en dekorativ touch.
h) Upprepa processen tills alla druvor är belagda och dekorerade.
i) Låt CandiQuik-beläggningen stelna helt innan servering.
j) Servera dina Grape Poppers på ett fat eller i en dekorativ behållare.

67.CandiQuik Magic Rainbow Krispie Pops

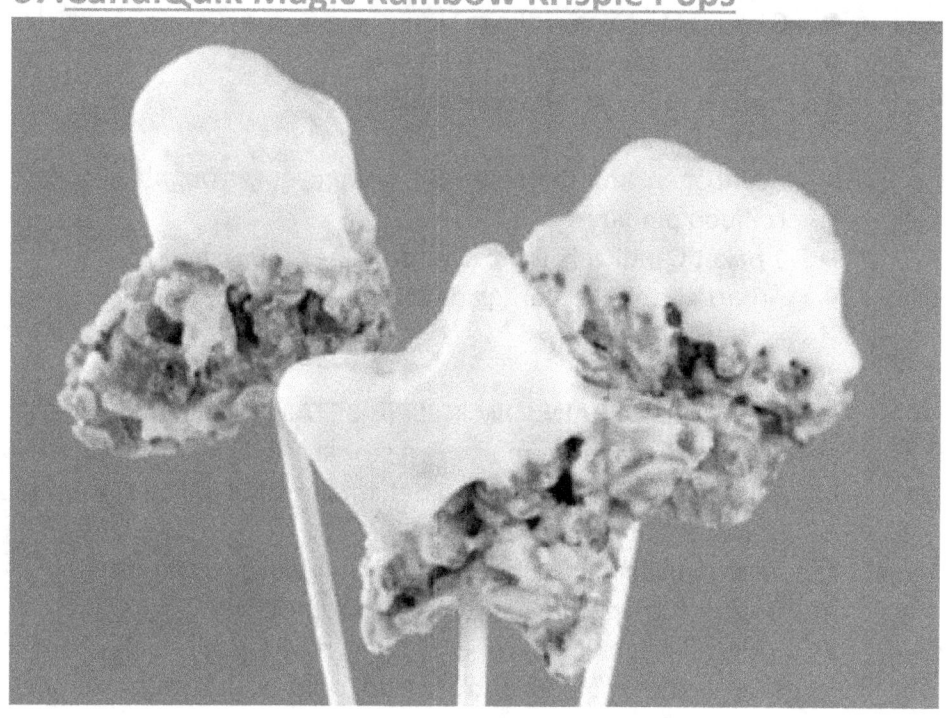

INGREDIENSER:
- 6 koppar krispiga risflingor
- ¼ kopp osaltat smör
- 1 paket (10 uns) mini marshmallows
- 1 tsk vaniljextrakt
- Regnbågens matfärgning (röd, orange, gul, grön, blå, lila)
- Lollipop pinnar
- 1 paket CandiQuik (godisöverdrag med vaniljsmak)
- Ätbart glitter eller färgglada strössel (valfritt)

INSTRUKTIONER:
FÖR DE MAGISKA RAINBOW KRISPIE-BETALINGEN:
a) Smält det osaltade smöret i en stor kastrull på låg värme.
b) Tillsätt minimarshmallows i det smälta smöret och rör om tills de är helt smält och slät.
c) Ta kastrullen från värmen och rör ner vaniljextraktet.
d) Dela den krispiga risflingorna i sex separata skålar.
e) Lägg till några droppar olikfärgad matfärg till varje skål för att skapa ett regnbågsspektrum (röd, orange, gul, grön, blå, lila). Rör om tills färgen är jämnt fördelad.
f) Tillsätt den smälta marshmallowblandningen i varje skål, en färg i taget, och rör om för att täcka flingorna helt i varje färg.
g) Lägg de olika färgade blandningarna i en smord 9x13-tums bakpanna, tryck ner varje lager ordentligt.
h) Låt regnbågens krispiga godsaker svalna och stelna helt.
i) När du har stelnat, skär godsakerna i rutor eller använd en regnbågsformad kakform för att skapa regnbågsformer.

FÖR DE MAGIC RAINBOW KRISPIE POPS:
j) Sätt i lussebullar i varje regnbågens krispiga godbit för att skapa pop.
k) Bryt CandiQuik i bitar och lägg den i en värmesäker skål. Smält CandiQuik enligt anvisningarna på förpackningen. Vanligtvis innebär detta mikrovågsugn i 30 sekunders intervall tills den är helt smält.
l) Doppa varje regnbågs krispig pop i den smälta CandiQuik, vilket säkerställer en jämn beläggning.

m) Valfritt: Medan CandiQuik-beläggningen fortfarande är våt, strö ätbart glitter eller färgglada strössel över toppen för en magisk touch.
n) Lägg de belagda rainbow crispy popsna på en bakplåtspappersklädd plåt.
o) Låt CandiQuik-beläggningen stelna helt innan servering.

68. CandiQuik Chocolate Chip Cookie Lollipops

INGREDIENSER:
- Chocolate chip cookie-deg (hemgjord eller köpt i butik)
- 1 paket CandiQuik (godisöverdrag med vaniljsmak)
- Lollipop sticks eller cookie pop sticks

INSTRUKTIONER:
a) Värm ugnen enligt receptet eller paketets instruktioner för chokladkaka.
b) Förbered chocolate chip cookie-degen enligt receptet eller förpackningens instruktioner.
c) Rulla eller rulla kakdegen till små, jämnstora bollar.
d) Sätt i en klubba eller kaka i varje kakdegsboll och se till att den sitter säkert på plats.
e) Lägg kakdegen på en bakplåtspappersklädd plåt, lämna lite utrymme mellan varje.
f) Baka cookie-dough pops enligt chocolate chip cookie-degsreceptet eller paketinstruktionerna. Låt dem svalna helt.
g) Bryt CandiQuik i bitar och lägg den i en värmesäker skål. Smält CandiQuik enligt anvisningarna på förpackningen. Vanligtvis innebär detta mikrovågsugn i 30 sekunders intervall tills den är helt smält.
h) Doppa varje kyld kaka i den smälta CandiQuik och se till att den är helt täckt.
i) Låt eventuell överflödig CandiQuik-beläggning droppa av och lägg sedan de belagda kakorna på en bakplåtspappersklädd plåt.
j) Låt CandiQuik-beläggningen härda helt.
k) När de är färdigställda är dina Chocolate Chip Cookie Lollipops redo att avnjutas!

69.CandiQuik Turkiet Cookie Pops

INGREDIENSER:
- Runda sockerkakor
- 1 paket (16 uns) CandiQuik Candy Coating
- Godisögon
- Godis majs
- Röd lakritsspets för tösen

INSTRUKTIONER:
a) Smält CandiQuik Candy Coating enligt anvisningarna på förpackningen.
b) Doppa varje sockerkaka i den smälta CandiQuik för att täcka den.
c) Placera två godisögon på den belagda kakan.
d) Fäst godismajs under ögonen för att skapa kalkonnäbben.
e) Lägg till en liten bit röd lakritsspets för tösen.
f) Låt beläggningen stelna innan servering.

70. CandiQuik Peppermint Cookie Lollipops

INGREDIENSER:
- Kakor med pepparmintsmak
- 1 paket (16 uns) CandiQuik Candy Coating
- Krossade pepparmyntsgodis eller godisrör för dekoration
- Lollipop pinnar

INSTRUKTIONER:
a) Förbered dina kakor med pepparmintsmak. Om du gör dem från grunden, se till att de är helt kylda innan du fortsätter.
b) Smält CandiQuik Candy Coating enligt anvisningarna på förpackningen. Du kan använda en mikrovågssäker skål eller en dubbelpanna för att smälta.
c) Sätt i lussebullar i mitten av varje pepparmyntakaka och se till att de sitter fast.
d) Doppa varje kaka i den smälta CandiQuik och se till att hela kakan är överdragen.
e) Låt överflödig beläggning droppa av och lägg sedan kakorna på en bakplåtspappersklädd plåt.
f) Medan beläggningen fortfarande är våt, strö krossade pepparmyntsgodis eller godisrörsbitar ovanpå för en festlig touch.
g) Låt CandiQuik-beläggningen vara helt härdad. Du kan påskynda processen genom att placera brickan i kylen.
h) När de har satts är dessa Peppermint Cookie Lollipops redo att serveras.
i) Ordna dem i en vas eller en dekorativ behållare för en festlig visning.
j) Servera och njut av dessa härliga CandiQuik Peppermint Cookie Lollipops under semesterperioden eller vid något speciellt tillfälle!

71. CandiQuik Mummy Cookie Pops

INGREDIENSER:

- Sockerkakor (beredda med ditt favoritrecept eller köpta i butik)
- 1 paket (16 uns) CandiQuik Candy Coating
- Godisögon

INSTRUKTIONER:

a) Smält CandiQuik Candy Coating enligt anvisningarna på förpackningen.
b) Doppa varje kaka i den smälta CandiQuik för att täcka den.
c) Låt överflödig beläggning droppa av och lägg sedan de belagda kakorna på en bakplåtsfodrad plåt.
d) Använd ytterligare smält CandiQuik för att skapa mumiebandage över varje kaka.
e) Placera godisögon på den belagda delen.
f) Låt beläggningen stelna innan servering.

72.Hjärta Lollipops

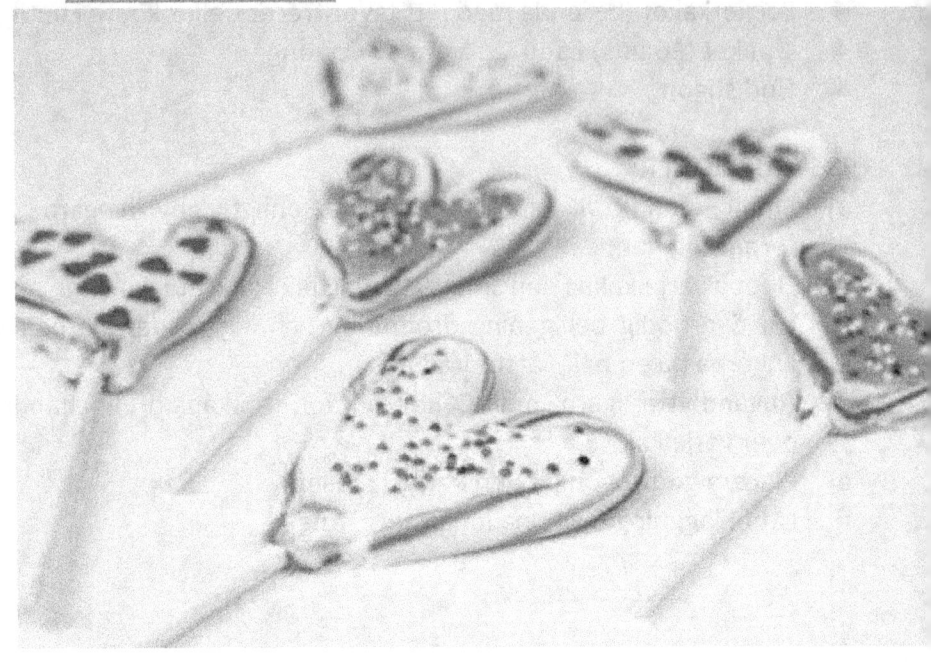

INGREDIENSER:
- CandiQuik vaniljbeläggning
- Lollipop pinnar
- Livsmedelsfärg (valfritt)

INSTRUKTIONER:
a) Smält CandiQuik-vaniljbeläggningen enligt anvisningarna på förpackningen.
b) Om så önskas, tillsätt matfärg för att uppnå önskad färg.
c) Häll den smälta beläggningen i hjärtformade formar.
d) Placera en klubba i varje form och se till att den är helt täckt med beläggningen.
e) Låt klubborna stelna i kylen eller i rumstemperatur.

73. Strawberry Shortcake Cake Pops

INGREDIENSER:

FÖR JORDGubbstårtan:
- 1 låda jordgubbstårta mix (plus ingredienser som anges på lådan)

FÖR JORDGubbs-SHORTCAKE-FYLLNING:
- 1 kopp tärnade färska jordgubbar
- 2 matskedar socker

FÖR CAKE POP MONTERING:
- 1 paket CandiQuik (godisöverdrag med vaniljsmak)
- Lollipop sticks eller cake pop sticks
- Vita chokladchips eller vitt godis smälter (för dekoration)
- Strössel eller ätbara dekorationer (valfritt)

INSTRUKTIONER:

FÖR JORDGubbstårtan:
a) Förvärm ugnen enligt instruktionerna för jordgubbstårta.
b) Förbered jordgubbstårtssmeten enligt anvisningarna på kartongen.
c) Grädda kakan enligt anvisningarna och låt den svalna helt.

FÖR JORDGubbs-SHORTCAKE-FYLLNING:
d) Blanda de tärnade jordgubbarna med socker i en skål. Låt dem sitta i cirka 10 minuter för att macerera och släppa saften.
e) Sila jordgubbarna för att ta bort överflödig vätska, och lämna dig med sötade jordgubbsbitar.

FÖR CAKE POP MONTERING:
f) Smula den avsvalnade jordgubbstårtan i en stor mixerskål till fina smulor.
g) Tillsätt de sötade jordgubbsbitarna till kaksmulorna och blanda tills det är väl blandat.
h) Rulla tårtblandningen till små kakbollar och lägg dem på en bakplåtspappersklädd plåt.
i) Bryt CandiQuik i bitar och lägg den i en värmesäker skål. Smält CandiQuik enligt anvisningarna på förpackningen.
j) Doppa spetsen på varje klubba i den smälta CandiQuik och sätt in den i en kakboll, ungefär halvvägs. Detta hjälper pinnen att hålla sig på plats.

k) Doppa varje cake pop i den smälta CandiQuik och se till att den är helt belagd.
l) Låt eventuell överflödig CandiQuik-beläggning droppa av och lägg sedan cake pops på den bakplåtspappersklädda plåten.
m) Valfritt: Medan CandiQuik-beläggningen fortfarande är våt, dekorera cake pops med vita chokladchips eller vit godismelt för att likna vispad grädde. Lägg på strössel eller ätbara dekorationer om så önskas.
n) Låt CandiQuik-beläggningen härda helt.
o) När de är färdigställda är dina Strawberry Shortcake Cake Pops redo att avnjutas!

74. CandiQuik Key Lime Cake Pops

INGREDIENSER:

- Key lime cake pops (beredda med ditt favoritrecept eller köpta i butik)
- 1 paket (16 uns) CandiQuik Candy Coating
- Grön matfärg (valfritt)

INSTRUKTIONER:

a) Smält CandiQuik Candy Coating enligt anvisningarna på förpackningen.
b) Doppa varje cake pop i den smälta CandiQuik för att täcka den.
c) Om så önskas, tillsätt några droppar grön matfärg till den smälta beläggningen för en viktig limefärg.
d) Låt beläggningen stelna innan servering.

PRETZELS

75. CandiQuik Cactus Pretzels

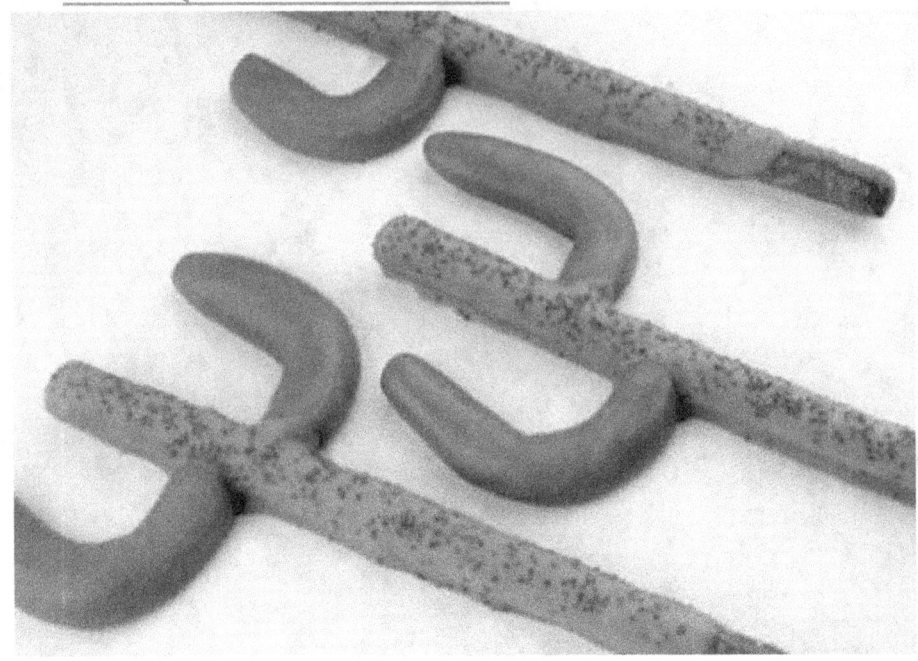

INGREDIENSER:
- Kringla stavar
- 1 paket CandiQuik (godisöverdrag med vaniljsmak)
- Grön matfärg
- Diverse strössel eller godisdekorationer
- Bakplåtspapper

INSTRUKTIONER:
a) Klä en plåt eller plåt med bakplåtspapper.
b) Bryt CandiQuik i bitar och lägg den i en värmesäker skål. Smält CandiQuik enligt anvisningarna på förpackningen. Vanligtvis innebär detta mikrovågsugn i 30 sekunders intervall tills den är helt smält.
c) Tillsätt grön matfärg till den smälta CandiQuik, rör om tills du får en levande grön färg.
d) Doppa varje kringlastav i den smälta gröna CandiQuik och se till att den är helt belagd. Använd en sked för att hjälpa till med beläggningen om det behövs.
e) Låt eventuell överflödig CandiQuik-beläggning droppa av och lägg sedan de belagda kringelstavarna på bakplåtspappret.
f) Medan CandiQuik-beläggningen fortfarande är våt, dekorera kaktuskringlorna med diverse strössel eller godisdekorationer för att likna spikarna på en kaktus. Var kreativ och ha kul med dekorationerna!
g) Låt CandiQuik-beläggningen härda helt.
h) När de har satts är dina Cactus Pretzels redo att avnjutas!

76. CandiQuik Ghost Pretzels

INGREDIENSER:
- Kringla stavar
- 1 paket (16 uns) CandiQuik Candy Coating
- Mini chokladchips eller godisögon

INSTRUKTIONER:

a) Smält CandiQuik Candy Coating enligt anvisningarna på förpackningen.
b) Doppa varje kringlastav i den smälta CandiQuik och täck den helt.
c) Placera två mini chokladchips eller godisögon på den belagda delen för att skapa spökets ögon.
d) Låt beläggningen stelna innan servering.

77. CandiQuik Butterfly Pretzels

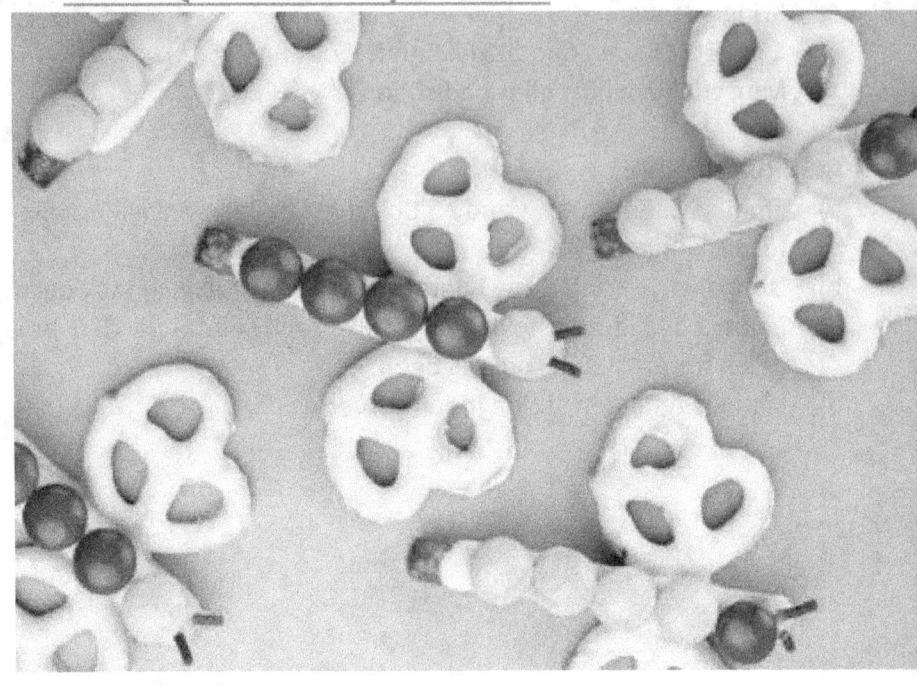

INGREDIENSER:
- Pretzel twists
- 1 paket CandiQuik (godisöverdrag med vaniljsmak)
- Matfärgning (olika färger)
- Diverse strössel eller ätbara dekorationer

INSTRUKTIONER:
a) Klä en plåt med bakplåtspapper.
b) Bryt CandiQuik i bitar och lägg den i en värmesäker skål. Smält CandiQuik enligt anvisningarna på förpackningen. Vanligtvis innebär detta mikrovågsugn i 30 sekunders intervall tills den är helt smält.
c) Dela den smälta CandiQuik i separata skålar och tillsätt matfärg till varje skål för att skapa olika färger för dina fjärilar.
d) Doppa varje kringla twist i den färgade CandiQuik, se till att den är helt belagd. Du kan använda en sked för att hjälpa till med beläggningen.
e) Låt eventuell överflödig CandiQuik-beläggning droppa av och lägg sedan de belagda kringlorna på den bakplåtspappersklädda plåten.
f) Innan CandiQuik-beläggningen sätter, lägg till diverse strössel eller ätbara dekorationer för att skapa fjärilens vingar och kropp. Du kan vara kreativ med designen.
g) Låt CandiQuik-beläggningen härda helt.
h) När de är färdigställda är dina fjärilskringlor redo att avnjutas!

78. CandiQuik Shamrock Pretzels

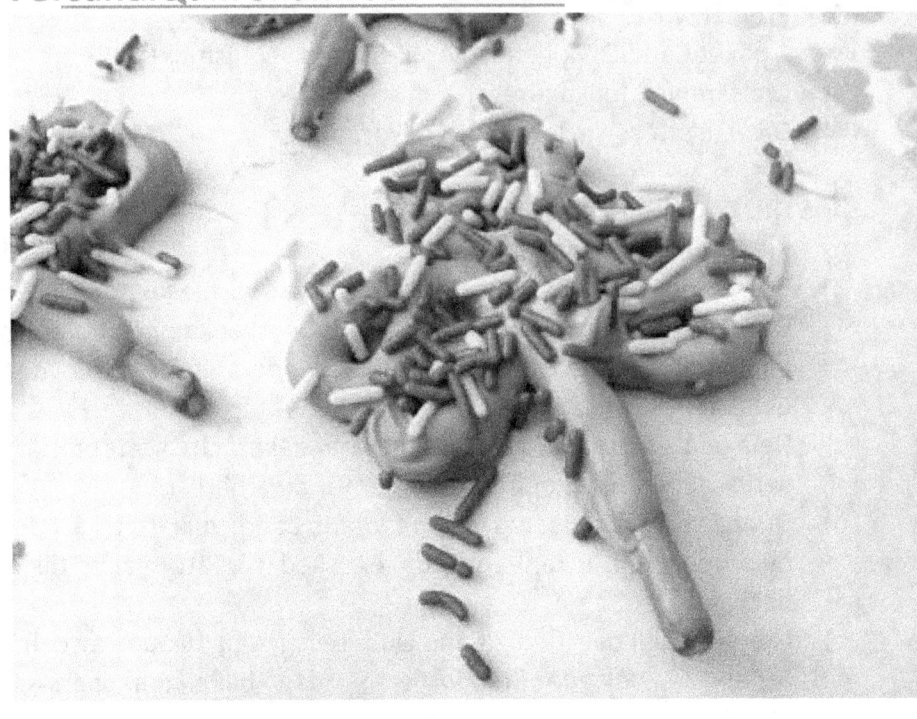

INGREDIENSER:

- Pretzel twists
- CandiQuik Candy Coating (grön färg)
- Grönt strössel eller grönt slipsocker

INSTRUKTIONER:

a) Smält CandiQuik Candy Coating enligt anvisningarna på förpackningen.
b) Doppa varje kringla twist i den smälta CandiQuik, se till att den är helt belagd. Du kan använda en gaffel eller tång för detta.
c) Låt eventuell överflödig beläggning droppa av och lägg sedan den belagda kringlan på bakplåtspapper.
d) Innan beläggningen sätter, strö grönt strössel eller grönt slipsocker över kringlan för att skapa en shamrockform. Du kan använda en stencil eller helt enkelt frihandsdesignen.
e) Upprepa processen för varje kringla twist.
f) Låt CandiQuik-beläggningen stelna helt. Du kan påskynda processen genom att placera kringlorna i kylen.
g) När beläggningen är helt härdad är dina CandiQuik Shamrock Pretzels redo att avnjutas!

79. CandiQuik nyårs pretzelstavar

INGREDIENSER:
- Kringla stavar
- 1 paket (16 uns) CandiQuik Candy Coating
- Strössel i olika nyårsfärger

INSTRUKTIONER:

a) Smält CandiQuik Candy Coating enligt anvisningarna på förpackningen. Du kan använda en mikrovågssäker skål eller en dubbelpanna för att smälta.

b) Doppa varje kringlastav i den smälta CandiQuik, täck den jämnt. Använd en sked eller spatel för att sprida beläggningen om det behövs.

c) Låt överflödig beläggning droppa av och lägg sedan de belagda kringelstavarna på en bakplåtsfodrad bricka.

d) Innan beläggningen sätter, strö kringlastavarna med strössel med nyårsaftonstema. Du kan använda en mängd olika färger och former för att göra dem festliga.

e) Låt CandiQuik-beläggningen vara helt härdad. Du kan påskynda processen genom att placera brickan i kylen.

f) När de är stelna, arrangera nyårskringlestavarna på ett serveringsfat eller i dekorativa behållare.

g) Servera och njut av dessa söta och salta godsaker på ditt nyårsfirande!

80.CandiQuik Bunny Pretzels

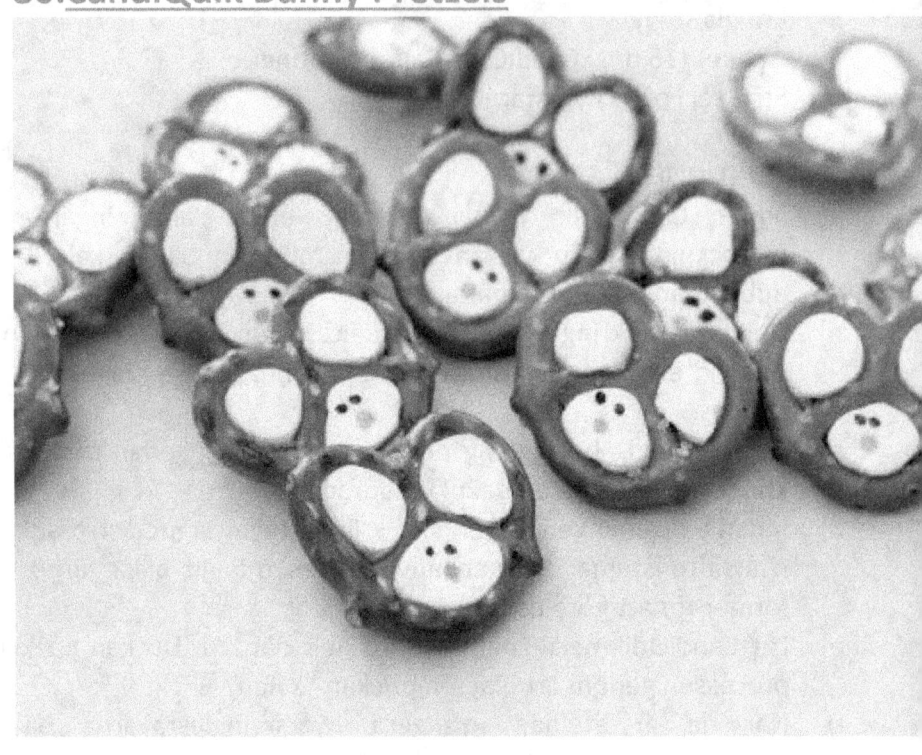

INGREDIENSER:
- Pretzel twists
- 1 paket CandiQuik (godisöverdrag med vaniljsmak)
- Rosa godis smälter eller rosafärgad vit choklad
- Godisögon
- Rosa hjärtformade strössel (för näsan)
- Bakplåtspapper

INSTRUKTIONER:
a) Klä en plåt eller plåt med bakplåtspapper.
b) Bryt CandiQuik i bitar och lägg den i en värmesäker skål. Smält CandiQuik enligt anvisningarna på förpackningen. Vanligtvis innebär detta mikrovågsugn i 30 sekunders intervall tills den är helt smält.
c) Doppa varje kringla twist i den smälta CandiQuik, se till att den är helt belagd. Använd en gaffel eller doppningsverktyg för att hjälpa till med beläggningen.
d) Låt eventuell överflödig CandiQuik-beläggning droppa av och lägg sedan de belagda kringlorna på bakplåtspappret.
e) Medan CandiQuik-beläggningen fortfarande är våt, fäst godisögon på toppen av varje belagd kringla. Du kan använda en liten mängd smält CandiQuik som "lim" för ögonen.
f) Placera ett rosa hjärtformat stänk under ögonen för att skapa kaninens näsa.
g) Doppa en tandpetare eller ett litet redskap i den rosa godismelten eller den rosa vita chokladen och använd den för att rita kaninöron på toppen av varje belagd kringla.
h) Låt godisbeläggningen stelna helt.
i) När de har satts är dina Bunny Pretzels redo att avnjutas!

81. CandiQuik Caramel Pretzel Bites

INGREDIENSER:
- Pretzel rutor eller mini pretzels
- 1 paket CandiQuik vaniljbeläggning
- 1 dl karamellgodis, oinpackade
- 2 msk mjölk

INSTRUKTIONER:

a) Smält CandiQuik-vaniljöverdraget enligt anvisningarna på förpackningen.
b) Doppa varje pretzel ruta eller mini pretzel i den smälta vaniljbeläggningen, se till att den är väl belagd.
c) Låt överflödig beläggning droppa av innan du placerar de belagda kringlorna på en bakplåtspappersklädd bricka.
d) I en separat skål, smält karamellgodisarna med mjölk tills de är jämna.
e) Ringla den smälta kolan över de vaniljklädda kringlorna.
f) Låt beläggningen och karamellen stelna i rumstemperatur eller i kylen.
g) När du är färdig, servera och njut av dessa läckra CandiQuik-karamellkringlor.

SKÄLLER OCH KLUSTER

82. CandiQuik Peppermint Bark

INGREDIENSER:
- 1 paket (16 ounces) CandiQuik Candy Coating (vit choklad)
- ½ tsk pepparmyntsextrakt
- Krossade godis eller pepparmyntsgodis

INSTRUKTIONER:
a) Klä en plåt med bakplåtspapper.
b) Smält CandiQuik Candy Coating i en mikrovågssäker skål eller använd en dubbelpanna enligt anvisningarna på förpackningen.
c) När det smält, rör i pepparmyntsextraktet, se till att det är väl kombinerat med den vita chokladen.
d) Häll den smälta CandiQuik på den förberedda bakplåten, bred ut den till ett jämnt lager med en spatel.
e) Strö de krossade godisrören eller pepparmyntsgodisarna över den smälta vita chokladen, tryck ner dem något så att de fäster.
f) Låt pepparmyntsbarken svalna och stelna helt. Du kan påskynda processen genom att placera den i kylskåpet.
g) När den stelnat, bryt pepparmyntsbarken i mindre bitar.
h) Förvara CandiQuik Peppermint Bark i en lufttät behållare i rumstemperatur eller i kylskåp.
i) Servera och njut av denna festliga och söta goding!

83. CandiQuik Cowboy Bark

INGREDIENSER:

- 1 paket CandiQuik (godisöverdrag med vaniljsmak)
- 1 kopp mini kringlor
- 1 kopp saltade kex, delade i bitar
- ½ dl kolabitar
- ½ kopp rostade och saltade jordnötter
- ¼ kopp mini chokladchips
- ¼ kopp mjölkchokladchips
- Havssalt att strö (valfritt)

INSTRUKTIONER:

a) Klä en plåt med bakplåtspapper.
b) Bryt CandiQuik i bitar och lägg den i en värmesäker skål. Smält CandiQuik enligt anvisningarna på förpackningen. Vanligtvis innebär detta mikrovågsugn i 30 sekunders intervall tills den är helt smält.
c) I en stor blandningsskål kombinerar du minikringlor, saltade kex, kolabitar, rostade jordnötter, minichokladchips och mjölkchokladchips.
d) Häll den smälta CandiQuik över de torra ingredienserna och rör tills allt är väl belagt.
e) Fördela blandningen jämnt på den förberedda bakplåten.
f) Valfritt: Strö lite havssalt över toppen för en söt och salt smakkontrast.
g) Låt Cowboy Bark svalna och stelna helt. Du kan påskynda denna process genom att placera den i kylskåpet.
h) När den är helt stel, bryt Cowboy Bark i lagom stora bitar.
i) Förvara Cowboy Bark i en lufttät behållare vid rumstemperatur.

84. Mintkakabark

INGREDIENSER:

- 1 (16 ounce) paket Vanilla CandiQuik Coating
- ¾ kopp Mint OREO-kakor, smulade i stora bitar
- Grönt strössel

INSTRUKTIONER:

a) Smält vanilj CandiQuik-beläggning i Smält och gör mikrovågsugn enligt anvisningarna på förpackningen.
b) Tillsätt ½ kopp av de hackade OREO-kakorna i brickan och rör om. Häll blandningen på ett stort ark vaxpapper. Använd en spatel för att jämna ut jämnt till cirka ¼" tjockt.
c) Strö över den återstående ¼ koppen krossade kakor och grönt strössel ovanpå. Kyl i cirka 10 minuter eller tills den är helt stel.
d) När stelnat, skär eller bryt i bitar.
e) Du kan också sprida ut barkblandningen på ett stort ark vaxpapper på en plan yta.

85.Kanel tranbärsnötter

INGREDIENSER:
- 1 (16 oz) paket Vanilla CandiQuik Candy Coating
- 1 tsk kanel
- 1 ¼ kopp blandade nötter
- ¼ kopp torkade tranbär

INSTRUKTIONER:
a) Smält vanilj CandiQuik-beläggning i Melt and Make™ mikrovågsbar bricka enligt anvisningarna på förpackningen.
b) Rör kanel i smält CandiQuik; lägg till mer eller mindre efter dina smakpreferenser.
c) Häll blandade nötter och torkade tranbär direkt i brickan med beläggning; rör om för att täcka.
d) Droppa en sked på vaxpapper för att bilda kluster; låt ställa in.

86. Choklad mandelbark

INGREDIENSER:
- 1 paket CandiQuik chokladöverdrag
- 1 dl mandel, hackad
- ½ tesked mandelextrakt

INSTRUKTIONER:
a) Smält CandiQuik-chokladöverdraget enligt anvisningarna på förpackningen.
b) Rör ner hackad mandel och mandelextrakt tills det är väl blandat.
c) Häll blandningen på en plåt med bakplåtspapper och fördela den jämnt.
d) Låt den svalna och stelna i rumstemperatur eller i kylen.
e) När du har stelnat, bryt barken i bitar och njut!

87.Frukt och nötter Choklad Cluster Bark

INGREDIENSER:
- 1 paket CandiQuik chokladöverdrag
- ½ kopp torkade tranbär
- ½ dl hackade pistagenötter
- ½ dl riven kokos

INSTRUKTIONER:
a) Smält CandiQuik-chokladöverdraget enligt anvisningarna på förpackningen.
b) Rör ner de torkade tranbären, hackade pistagenötterna och strimlad kokos tills de är väl fördelade.
c) Häll blandningen på en plåt med bakplåtspapper och fördela den jämnt.
d) Låt den svalna och stelna i rumstemperatur eller i kylen.
e) När du har stelnat, bryt klusterbarken i bitar och njut av den härliga kombinationen av smaker.

88. Saltad kola och pekannötsköldpaddor

INGREDIENSER:
- CandiQuik (kolasmak)
- Pecanhalvor
- Havssalt

INSTRUKTIONER:
a) Smält CandiQuik med karamellsmak enligt anvisningar på förpackningen.
b) Lägg klasar av pekannötshalvor på en plåt med bakplåtspapper.
c) Sked smält CandiQuik över varje kluster, se till att pekannötterna är täckta.
d) Strö en nypa havssalt över varje sköldpadda.
e) Låt CandiQuiken stelna innan servering.

SNACKMIXAR

89. Churro Chow

INGREDIENSER:

- 8 koppar krispiga risflingor (som Rice Chex)
- 1 paket CandiQuik (godisöverdrag med vaniljsmak)
- ½ kopp osaltat smör
- ¼ kopp strösocker
- 1 tsk mald kanel
- ½ tesked vaniljextrakt
- 1 ½ dl strösocker
- Ytterligare mald kanel för att pudra

INSTRUKTIONER:

a) Lägg de knapriga risflingorna i en stor mixerskål. Avsätta.
b) Smält CandiQuik och smör på låg värme i en medelstor kastrull. Rör om ofta för att undvika brännskador.
c) När det smält, tillsätt strösocker, mald kanel och vaniljextrakt i kastrullen. Rör om tills sockret är upplöst och blandningen är väl kombinerad.
d) Häll den smälta CandiQuik-blandningen över de knapriga risflingornas rutor, se till att belägga dem jämnt. Använd en spatel för att försiktigt blanda och belägga flingorna.
e) Tillsätt strösockret i en stor påse med dragkedja. Överför de belagda spannmålsrutorna till påsen.
f) Förslut påsen och skaka den kraftigt för att täcka flingorna med strösocker.
g) Bred ut Churro Chow på en bakplåtspappersklädd plåt för att svalna.
h) När den svalnat, pudra Churro Chow med ytterligare mald kanel för extra smak.
i) Förvara i en lufttät behållare.

90. CandiQuik Bunny Bait Snack Mix

INGREDIENSER:
- 1 paket CandiQuik (godisöverdrag med vaniljsmak)
- 4 koppar poppade popcorn
- 2 koppar kringla pinnar
- 1 kopp mini marshmallows
- Pastellfärgade MandM's eller andra godisdragerade choklad
- Strössel med påsktema

INSTRUKTIONER:
a) Klä en stor plåt med bakplåtspapper.
b) I en stor blandningsskål, kombinera de poppade popcornen, kringelstavarna och minimarshmallows.
c) Bryt CandiQuik i bitar och lägg den i en värmesäker skål. Smält CandiQuik enligt anvisningarna på förpackningen. Vanligtvis innebär detta mikrovågsugn i 30 sekunders intervall tills den är helt smält.
d) Häll den smälta CandiQuik över popcornblandningen, använd en spatel för att försiktigt kasta och belägga ingredienserna jämnt.
e) Bred ut den belagda blandningen på den förberedda bakplåten i ett jämnt lager.
f) Medan CandiQuik-beläggningen fortfarande är våt, strö pastellfärgade MandM's eller godisdragerade choklad över toppen.
g) Lägg till strössel med påsktema för en extra festlig touch.
h) Låt Bunny Bait Snack Mix svalna och CandiQuik-beläggningen stelna helt. Du kan påskynda processen genom att placera den i kylskåpet.
i) När den har stelnat, bryt mellanmålsblandningen i lagom stora klasar.
j) Förvara i en lufttät behållare.

91. CandiQuik Heart Munch Snack Mix

INGREDIENSER:
- 1 paket CandiQuik (godisöverdrag med vaniljsmak)
- 4 koppar krispiga risflingor (t.ex. Rice Chex)
- 2 koppar kringla pinnar
- 1 kopp små kringla twists
- 1 kopp godis med alla hjärtans dag-tema (t.ex. hjärtformade godisar, MandM's)
- 1 dl torkade tranbär eller annan torkad frukt
- Strössel med alla hjärtans dag-tema

INSTRUKTIONER:
a) Klä en stor plåt med bakplåtspapper.
b) Bryt CandiQuik i bitar och lägg den i en värmesäker skål. Smält CandiQuik enligt anvisningarna på förpackningen. Vanligtvis innebär detta mikrovågsugn i 30 sekunders intervall tills den är helt smält.
c) I en stor blandningsskål kombinerar du krispiga risflingor, kringelstavar, kringlor, godisar med Alla hjärtans dag-tema och torkade tranbär.
d) Häll den smälta CandiQuik över snacksblandningen, använd en spatel för att försiktigt kasta och belägga ingredienserna jämnt.
e) Bred ut den belagda blandningen på den förberedda bakplåten i ett jämnt lager.
f) Medan CandiQuik-beläggningen fortfarande är våt, strö strössel med Alla hjärtans dag-tema över toppen för en festlig touch.
g) Låt Heart Munch Snack Mix svalna och CandiQuik-beläggningen stelna helt. Du kan påskynda processen genom att placera den i kylskåpet.
h) När den har stelnat, bryt mellanmålsblandningen i lagom stora klasar.
i) Förvara i en lufttät behållare.

92.CandiQuik Trail Mix-kluster

INGREDIENSER:
- 1 paket CandiQuik (godisöverdrag med vaniljsmak)
- 2 dl blandade nötter (mandel, cashewnötter, jordnötter, etc.)
- 1 kopp kringla pinnar, delade i små bitar
- 1 kopp torkad frukt (russin, tranbär, aprikoser, etc.)
- 1 kopp chokladgodis (MandM's, chokladchips, etc.)

INSTRUKTIONER:
a) I en stor mixerskål, kombinera de blandade nötterna, kringelstavarna, torkad frukt och chokladgodis. Blanda dem för att skapa en jämn fördelning av ingredienserna.
b) Smält CandiQuik enligt anvisningarna på förpackningen. Vanligtvis innebär detta mikrovågsugn i 30 sekunders intervall tills den är helt smält.
c) Häll den smälta CandiQuik över ingredienserna till trailmixen. Rör om väl för att säkerställa att alla komponenter är jämnt belagda i godisbeläggningen.
d) Klä en plåt med bakplåtspapper eller en bakmatta av silikon.
e) Använd en sked eller en kakskopa och släpp ner klungor av den belagda spårblandningen på den förberedda bakplåten.
f) Låt klustren svalna och stelna. Du kan påskynda denna process genom att ställa bakplåten i kylen i cirka 15-20 minuter.
g) När klungorna är helt stelna, ta bort dem från bakplåten.
h) Förvara CandiQuik Trail Mix Clusters i en lufttät behållare vid rumstemperatur.
i) Njut av denna söta och salta goding som ett mellanmål eller som ett läckert tillskott till ditt val av trailmix!

93. CandiQuik Orange Creamsicle Puppy Chow

INGREDIENSER:
- 9 koppar ris eller majs Chex flingor
- 1 kopp vita chokladbitar eller bitar
- ½ kopp osaltat smör
- ¼ kopp gelatinpulver med apelsinsmak (som Jello)
- 1 tsk vaniljextrakt
- Skal av en apelsin (valfritt, för extra smak)
- 2 koppar strösocker
- Orange matfärg (valfritt, för en levande färg)

INSTRUKTIONER:
a) Mät upp Chex-flingorna i en stor blandningsskål.
b) Kombinera de vita chokladbitarna eller bitarna och smöret i en mikrovågssäker skål. Mikrovågsugn i 30-sekundersintervaller, rör om efter varje intervall, tills blandningen är helt smält och slät.
c) Rör ner gelatinpulvret med apelsinsmak och vaniljextrakt i den smälta vita chokladblandningen. Om så önskas, tillsätt apelsinzest för en extra burk av citrussmak.
d) Tillsätt eventuellt några droppar orange matfärg för att få en levande orange färg. Rör om tills det är väl blandat.
e) Häll den orange gräddblandningen över Chex-flingorna, vik försiktigt och rör om tills all fling är jämnt belagd.
f) Tillsätt strösockret i en stor återförslutbar plastpåse.
g) Överför de belagda Chex-flingorna till påsen med strösockret.
h) Förslut påsen och skaka den kraftigt tills flingorna är helt täckta med strösocker.
i) Bred ut Orange Creamsicle Puppy Chow på en bakplåtspappersklädd plåt för att svalna och stelna.
j) När den svalnat, bryt blandningen i lagom stora bitar.
k) Förvara Orange Creamsicle Puppy Chow i en lufttät behållare.
l) Servera och njut av denna söta och citrusiga godbit!

94. CandiQuik S'mores Snack Mix

INGREDIENSER:
- 4 koppar grahamsflingor
- 2 koppar mini marshmallows
- 2 dl chokladtäckta kringlor
- 1 kopp rostade jordnötter
- 1 paket CandiQuik vaniljbeläggning
- 1 dl mjölkchokladchips

INSTRUKTIONER:

a) I en stor blandningsskål, kombinera grahamsflingor, minimarshmallows, chokladtäckta kringlor och rostade jordnötter.
b) Smält CandiQuik-vaniljöverdraget enligt anvisningarna på förpackningen.
c) Häll den smälta vaniljbeläggningen över snacksblandningen, rör försiktigt för att täcka.
d) Tillsätt mjölkchokladchips och blanda väl.
e) Bred ut blandningen på en bakplåtspapperklädd plåt för att svalna och stelna.
f) När du är klar, bryt in i kluster och njut av denna läckra s'mores-inspirerade mellanmålsblandning.

95. CandiQuik White Chocolate Party Mix

INGREDIENSER:
- 3 koppar risflingor
- 2 koppar kringla twists
- 1 dl torkade tranbär
- 1 dl mandel, hel eller skivad
- 1 paket CandiQuik vit chokladöverdrag
- 1 tsk vaniljextrakt

INSTRUKTIONER:
a) I en stor blandningsskål, kombinera risflingor, kringlor, torkade tranbär och mandel.
b) Smält den vita chokladöverdraget CandiQuik enligt anvisningarna på förpackningen.
c) Rör ner vaniljextraktet i den smälta vita chokladen.
d) Häll den smälta vita chokladblandningen över snacksblandningen, rör försiktigt för att täcka.
e) Bred ut blandningen på en bakplåtspappersklädd plåt för att svalna och stelna.
f) När du har stelnat, bryt in i kluster och njut av denna söta och krispiga vita choklad-partymix.

SEMESTER OCH FÄRDIGHETER

96. CandiQuik Halloween Cupcake Toppers

INGREDIENSER:

- Cupcakes
- 1 paket (16 uns) CandiQuik Candy Coating
- Strössel eller dekorationer med Halloween-tema

INSTRUKTIONER:

a) Smält CandiQuik Candy Coating enligt anvisningarna på förpackningen.
b) Doppa toppen av cupcakes i den smälta CandiQuik, skapa en slät beläggning.
c) Dekorera med strössel eller dekorationer med Halloween-tema.
d) Låt beläggningen stelna innan servering.

97. CandiQuik Graduation Caps

INGREDIENSER:
- Chokladtäckta smörgåskakor (som Oreo-kakor)
- 1 paket CandiQuik (godisöverdrag med vaniljsmak)
- Fyrkantiga chokladgodisar (som chokladtäckta karamellrutor eller chokladtäckta mynta)
- Små godisrutor (valfritt, för tofsar)
- Lollipop sticks eller cake pop sticks

INSTRUKTIONER:
a) Klä en plåt med bakplåtspapper.
b) Bryt CandiQuik i bitar och lägg den i en värmesäker skål. Smält CandiQuik enligt anvisningarna på förpackningen. Vanligtvis innebär detta mikrovågsugn i 30 sekunders intervall tills den är helt smält.
c) Separera försiktigt de chokladtäckta smörgåskakorna, lämna gräddfyllningen intakt.
d) Doppa klubborna i den smälta CandiQuik och sätt in dem i gräddfyllningen på varje kaka, vilket skapar en bas för examenslocket.
e) Doppa hela kakan i den smälta CandiQuik, se till att den är helt täckt. Låt eventuell överflödig CandiQuik-beläggning droppa av.
f) Lägg de belagda kakorna på den bakplåtspapperskläata plåten.
g) Medan CandiQuik-beläggningen fortfarande är våt, tryck försiktigt en fyrkantig chokladgodis på mitten av varje kaka för att skapa toppen av examenslocket.
h) Valfritt: Om du har små godisrutor kan du använda dem för att skapa tofsar. Fäst en liten godisruta vid sidan av det fyrkantiga chokladgodiset med en liten klick smält CandiQuik.
i) Låt CandiQuik-beläggningen härda helt.
j) När de är färdigställda är dina examensmössor redo att avnjutas!

98. CandiQuik Patriotic Sprinkle Cups

INGREDIENSER:
- 1 paket CandiQuik (godisöverdrag med vaniljsmak)
- Rött, vitt och blått strössel
- Mini cupcake liners
- Mini cupcake panna

INSTRUKTIONER:
a) Klä en mini cupcake form med mini cupcake liners.
b) Bryt CandiQuik i bitar och lägg den i en värmesäker skål. Smält CandiQuik enligt anvisningarna på förpackningen. Vanligtvis innebär detta mikrovågsugn i 30 sekunders intervall tills den är helt smält.
c) När CandiQuik har smält, häll en liten mängd i varje mini cupcake liner, fyll den ungefär en tredjedel av vägen.
d) Strö rött, vitt och blått strössel över den smälta CandiQuik i varje kopp. Du kan blanda färgerna eller skapa en lagereffekt med olika färger.
e) Lägg ytterligare ett lager av smält CandiQuik över strösseln, fyll cupcakelinern ungefär två tredjedelar av vägen.
f) Strö mer rött, vitt och blått strössel ovanpå det andra lagret av smält CandiQuik.
g) Lägg till ett sista lager av smält CandiQuik för att fylla muffinsfodret nästan till toppen.
h) Använd en tandpetare eller spett för att försiktigt virvla ihop lagren, vilket skapar en marmorerad eller virvlad effekt.
i) Lägg till ytterligare strössel ovanpå för dekoration.
j) Låt CandiQuik svalna och stelna helt.
k) När de är färdigställda är dina Patriotic Sprinkle Cups redo att avnjutas!

99.Påskkokosmakaronbon

INGREDIENSER:
- 3 koppar sötad riven kokos
- ¾ kopp sötad kondenserad mjölk
- 1 tsk vaniljextrakt
- ¼ tesked salt
- 1 paket CandiQuik (godisöverdrag med vaniljsmak)
- Minichokladägg eller gelébönor (för att fylla boet)
- Grön matfärg (valfritt, för färgning av kokos)

INSTRUKTIONER:
a) Värm ugnen till 325°F (163°C). Klä en plåt med bakplåtspapper.
b) I en stor skål, kombinera strimlad kokos, sötad kondenserad mjölk, vaniljextrakt och salt. Blanda tills det är väl blandat.
c) Om så önskas, tillsätt några droppar grön matfärg för att färga kokosblandningen för ett gräsliknande utseende. Blanda tills färgen är jämnt fördelad.
d) Använd en kakskopa eller dina händer, forma små högar av kokosblandningen och lägg dem på den förberedda bakplåten, skapa boformer med en fördjupning i mitten.
e) Grädda i den förvärmda ugnen i 12-15 minuter eller tills kanterna är gyllenbruna.
f) Låt kokosbonen svalna på plåten.
g) Bryt CandiQuik i bitar och lägg den i en värmesäker skål. Smält CandiQuik enligt anvisningarna på förpackningen. Vanligtvis innebär detta mikrovågsugn i 30 sekunders intervall tills den är helt smält.
h) Sked en liten mängd smält CandiQuik i mitten av varje kokosnötsbo för att skapa en bas.
i) Placera minichokladägg eller gelébönor i mitten av varje bo och tryck försiktigt ner dem i den smälta CandiQuik.
j) Låt CandiQuik-beläggningen härda helt.
k) När du har ställts in är dina påskkokosmakaronbon redo att avnjutas!

100. CandiQuik Christmas Tree Rice Krispie Treats

INGREDIENSER:
- 3 matskedar osaltat smör
- 10 uns Marshmallows
- Grön matfärgning
- 6 koppar Rice Krispies
- Strössel
- 20 små pretzelpinnar
- 1 paket CandiQuik chokladöverdrag

INSTRUKTIONER:
a) Smörj eller spraya en 9x13-tums panna och ställ åt sidan.
b) Smält smör och marshmallows i en stor panna på medel-låg värme under konstant omrörning. När den är nästan slät och smält, tillsätt grön matfärg lite i taget tills du uppnår önskad trädfärg.
c) När den är helt slät och helt grön, ta bort från värmen och rör ner Rice Krispies. Fortsätt att röra tills all spannmål är täckt.
d) Tryck ut blandningen jämnt i den förberedda pannan (du kan använda en smord hand eller en bit vaxpapper för att göra detta).
e) Smält CandiQuik-chokladöverdraget enligt anvisningarna på förpackningen.
f) Skär ett snitt i mitten av pannan (den långa vägen). Skär sedan var och en av dessa rader i trianglar (du bör ha 4 rester över, en på varje sida av varje rad).
g) Medan Rice Krispie-blandningen fortfarande är varm, använd den smälta CandiQuik för att ringla över toppen av varje trädformad godbit för att skapa en chokladkontur.
h) Strö omedelbart över strössel med semestertema för att lägga till en festlig touch.
i) Placera en liten kringelstav längst ner på varje träd för att likna stammen.
j) Låt godsakerna svalna i minst 30 minuter för att låta CandiQuik-beläggningen stelna.

SLUTSATS

När vi når slutet av vår söta resa genom en värld av CandiQuik-konfektyr, hoppas jag att du har njutit av att utforska de oändliga möjligheterna med godisbeläggning. Från klassiska godsaker till moderna mästerverk, "DEN VIKTIGA CANDIQUIK KOKBOKEN" har gett en mängd inspiration för att lyfta ditt dessertspel.

När du fortsätter dina kulinariska äventyr, kom ihåg att magin i CandiQuik inte känner några gränser. Oavsett om du sysslar med hemgjorda presenter, arrangerar en efterrättsfest eller bara unnar dig en söt njutning, är CandiQuik ditt hemliga vapen för att skapa minnesvärda och läckra konfektyrer.

Tack för att du följde med mig på denna underbara resa. Må dina godsaker alltid vara söta, dina skapelser alltid vara inspirerade och ditt kök alltid vara fyllt av glädje. Tills vi ses igen, glad bakning!

www.ingramcontent.com/pod-product-compliance
Lightning Source LLC
Chambersburg PA
CBHW071316110526
44591CB00010B/911